Joel E. Goudsmit

Studemund's Vergleichung der Veroneser Handschrift

Kritische Bemerkungen zu Gaius

Joel E. Goudsmit

Studemund's Vergleichung der Veroneser Handschrift
Kritische Bemerkungen zu Gaius

ISBN/EAN: 9783743647657

Hergestellt in Europa, USA, Kanada, Australien, Japan

Cover: Foto ©Thomas Meinert / pixelio.de

Weitere Bücher finden Sie auf **www.hansebooks.com**

STUDEMUND'S VERGLEICHUNG

DER

VERONESER HANDSCHRIFT.

Kritische Bemerkungen zu Gaius

VON

DR. J. E. GOUDSMIT,
Ord. Professor der Rechte zu Leiden.

UEBERSETZT

VON

DR. S. SUTRO.

UTRECHT,
KEMINK EN ZOON.
1875.

VORWORT.

Es ist bekannt dass in der Domcapitelbibliothek zu Verona sich ein Palimpsest befindet, in welchem unter den Briefen des h. Hieronymus ein kostbares Kleinod anderer Art verborgen lag. Niebuhr, 1817 Gesandter Preussens beim päbstlichen Stuhle, versuchte gleich, nachdem er diesen höchstwichtigen Codex gefunden, die Schrift durch Galläpfelinfusion wieder lesbar zu machen. und in der unglaublich kurzen Zeit von zwei Tagen hat er ein kleines Stück entziffert, welches er alsbald an Savigny mittheilte.

Dieser, in Begeisterung über diesen glücklichen und unerwarteten Fund, machte das rechtsgelehrte Publicum auf das Gewicht dieser neu entdeckten Quelle aufmerksam, und theilte zugleich als seine Meinung, die jetzt Niemand mehr bezweifelt, mit, dass wir es hier mit den ächten Institutionen des Gaius, von denen nur ein verstümmeltes Bruchstück zur Zeit bekannt war, zu schaffen hätten.

In Folge dessen schickte die königliche Academie der Wissenschaften zu Berlin Göschen und Bekker, zu denen sich Bethmann-Hollweg gesellte, nach Verona, um die von Niebuhr angefangene Arbeit zu vollenden. Mit welchen Schwierigkeiten vieler Art man zu kämpfen hatte, ist leicht zu begreifen, vorzüglich wenn man bedenkt, dass ein grosser Theil der Handschrift zweimal rescribirt war, und man noch nicht aus genugsamer Erfahrung wusste, wie die unteren Buchstaben, ohne bedeutende Beschädigung wieder zum Vorschein gebracht werden konnten. Doch erschien schon im Jahre 1820 die erste Ausgabe von Göschen, von der, wie viel sie auch, was selbstredend, zu wünschen übrig liess, man sagen kann, dass sie als erste Probe ausgezeichnet gelungen war. Am meisten war der gelehrte Herausgeber sich bewusst, dass eine neue Vergleichung des Codex unumgänglich nöthig sei, und so ward diese, mit Anwendung neuer chemischer Mittel, 1821 und 1822 unternommen von Fr. Bluhme, der aber durch unzweckmässige Reagentia die Handschrift so sehr verdarb und theilweise vernichtete, dass eine Wiederherstellung des Verlorenen nicht mehr zu erwarten ist, und da er in der Palaeographie unbewandert, meinte er gar oft das zu lesen, was er wünschte dass es geschrieben sei, was aber nicht der Fall war. Ausserdem gingen seine wichtigen, in einem Briefe an Hugo niedergelegte Bemerkungen durch einen unglücklichen Zufall verloren, so dass sie nur auf eine mangelhafte Weise wieder ergänzt werden konnten.

Wie dem auch sei, im Jahre 1824 erschien zufolge dieser

zweiten Collation Göschen's zweite Ausgabe, die wirklich eine verbesserte war.

Im Jahre 1824 erschien Gaius in einer neuen Ausgabe von Lachmann, in welcher von Göschen's, Hollweg's und Bluhme's Anmerkungen Gebrauch gemacht ist, und die, als die dritte Ausgabe Göschen's, wegen ihrer Genauigkeit gepriesen wird.

Böcking besorgte 1866 zu Leipzig ein lithographisches Facsimile der Handschrift nach den vorhandenen Notizen, welches, obschon Huschke es nicht sehr hochstellte, und zuweilen mit Ironie behandelte, doch wegen der in's Äusserste getriebenen Genauigkeit im Nachahmen der Linien und Zeichen später sich als einen nützlichen Wegweiser herausstellte.

Guiseppe Tedeschi, Advocat zu Verona, wagte im Jahre 1857 einen dritten Versuch, um für die noch zweifelhaft gebliebenen Stellen neuerdings die Handschrift zu vergleichen; ein Versuch, der nach dem Urtheile Sachverständiger zu keinem günstigen Resultate führte noch führen konnte, und zwar aus dem einfachen Grunde, weil dieser Italiener von der Palaeographie gar keinen Begriff hatte und ihm auch die übrigen Eigenschaften fehlten, die für die Ausführung einer solchen Arbeit unentbehrlich sind; dies ist schon zu ersehen aus seiner abentheuerlichen Conjectur, dass *Gaius* nicht, wie man allgemein annimmt, ein Vornamen, sondern ein Familiennamen war, und zwar der veronesischen adligen Familie der *Gavii*, dass Gaius also aus Verona stammte, welchem Umstande es zu verdanken ist, dass die Handschrift sich da befindet.

Abgesehen von diesem vergeblichen Versuche hat weiter keine Vergleichung statt gefunden, und allgemein meinte und versicherte man, dass nach Bluhme's fataler Arbeit mit der Handschrift nichts mehr anzufangen sei. Doch was vermögen nicht Eifer und Ausdauer mit Wissenschaft im Bunde zu leisten!

Wilhelm Studemund, ein deutscher Philologe, der sich der Palaeographie und besonders dem Lesen und Behandeln der Palimpseste mit glücklichem Resultate gewidmet hat, unternahm nochmals die Arbeit mit Beihülfe neuer chemischer Mittel, unterstüzt von den rechtsgelehrten Rathschlägen Mommsen's und Krüger's und schaffte durch eine neue Collation des Codex Veronensis eine Abschrift die uns nun in einer im Auftrage der königlichen Academie der Wissenschaften besorgten Prachtausgabe vorliet, unter den Titel: „Gaji Institutionum commentarii quatuor, Codicis Veronensis denuo collati apographum confecit et jussu Academiae Regiae Scientiarum Berolinensis edidit Guilelmus Studemund" (Lipsiae apud Salomonem Hirzel 1874).

Und was sind nun die Früchte dieser mühevollen und mit unermüdetem Fleisse vollbrachten Arbeit? Der bescheidene Gelehrte hat sie gewiss nicht zu hoch, sondern ihren Werth vielmehr zu niedrig veranschlagt, da er schreibt: „Ea quae expiscatus sum juris consultis minoris quam philologis momenti esse videbuntur." Ich halte den Gewinn in mehr denn in einer Hinsicht für bedeutend, und sage deshalb Studemund gerne meinen Dank.

Durch diese neue Vergleichung sind nun viele Lücken

ergänzt, so dass manche früher unbegreifliche Stellen jetzt lesbar und begreiflich geworden sind. Manche zu der Rechtsgeschichte gehörende Thatsache, die früher dunkel und zweifelhaft war, wird uns jetzt zur Gewissheit gebracht, manches unwahre Dogma, welches auf unrichtigen Lesarten beruhte, kann jetzt für immer beseitigt werden.

Vorzüglich aber wird das Bodenlose so vieler leichtsinniger Conjecturen gezeigt, die nicht nur gegen die Gesetze der Sprache, sondern auch gegen die des gesunden Verstandes streiten, und über welche man erstaunen würde, wenn uns die Erfahrung nicht gelehrt hätte, dass vielen durch Wissen und Talent hervorragenden Gelehrten eine Kunst fehlt, nämlich die *ars nesciendi*, ein Mangel, der bewirkt dass sie lieber zu allerlei krummen Sprüngen und Gauklerkünsten ihre Zuflucht nehmen, als dass sie bekennen möchten, das Unerklärliche sei unerklärlich, wie es auch wieder andere gibt, die zu sehr in microscopischen Betrachtungen versunken, ihre Aufmerksamkeit nicht auf die Hauptsache richteten und hierdurch Stellen, die leicht zu heilen waren, als unheilbare stehen liessen.

Endlich werden wir durch diese Abschrift des Codex mehr und mehr angezogen — zwar weder durch den Scharfblick, wie bei Papinian, noch durch den Ideenreichthum, wie bei Julian oder Ulpian — sondern durch den reinen, klaren, ungekünstelten, wie ein sanfter Bach hinfliessenden Styl, in welchem Gajus seine Gedanken zu fassen und andern mitzutheilen wusste, eine Eigenschaft.

durch welche er sich so sehr von Vielen unterscheidet, dass man ohne Bedenken sagen darf: wo Jemand, der in den Schriften der römischen Juristen nicht ganz und gar Fremdling ist, auf Schwierigkeiten stösst, mögen sie einzelne Ausdrücke oder die Construction betreffen, rühren diese nicht von dem unübertroffenen Lehrer, sondern von dem unwissenden Copisten, oder dem Herausgeber her. Ganz wahr ist, war Studemund in seiner Vorrede (S. 18) sagt: „Immo per mihi mirum videtur, quod haec aetas philologorum quasi Juris Romani fere ignara esset aut invita ad jus discendum declinaret, totum hoc genus dicendi, in quo pauca non pura et quasi candida sunt, prope neglexit; attamen Gaji ceterorumque optimae aetatis Juris Consultorum plus interesse cujus vis philologi mediocriter in jure versati studiis ad literarum Romanorum scientiam recuperandam, quam subinsulsam Africanorum scriptorum latinitatem vel sophistarum rhetorumque fucum, in quibus perscrutandis multi hodie desudent, prudentes existimatores facile concedent."

ERSTES BUCH.

§ 21. Praeterea minor triginta annorum servus manumissione potest civis Romanus fieri, si ab eo domino, qui solvendo non erat, testamento liber et heres relictus sit. So Göschen. Lachmann und Böcking lesen: si ab eo domino qui solvendo non erat, testamento eum liberum et heredem relictum. Huschke gebraucht gewohnheitsgemäss Gewalt. Bei Studemund finden wir: si ab eo domino q solv̄do non erat TT eumliberumei h̄ d reliNCTU (SIISI)T. Meiner Meinung nach ist zu lesen: si ab eo domino qui solvendo non erat testamento *cum* liber, *tum* et heres relictus sit. Gaius betont, dass es nicht genüge (was später durch Justinianus zugelassen ist), dass der Sclave zum Erben ernannt sei, wenn ihm nicht zugleich in ausdrücklichen und unzweideutigen Worten im Testament die Freiheit gegeben ist.

Von dem cum-tum finden wir bei ihm eine Parallele II. 185: sed nostor servus simul *et* liber *et* heres esse juberi debet id est, hoc modo: Stichus servus meus liber heresque esto. Vergl. Ulpianus XXII. 7. Pr. I. de Her. instit. (II. 14).

§ 23. Non tamen illis permittit lex Junia nec ipsis testamentum facere, nec ex testamento alieno capere, nec tutores testamento dari. Studemund: non tamen illis promittit lex Junia *v* (vel) ipsis testam. facere v (vel) ex testamento alieno capere v (vel) tutor testamento dari.

§ 24. Quod autem diximus, ex tatamento eos capere non posse, ita intellegendum est, ut *nihil directo* hereditatis legatorumue nomine eos posse capere dicamus. So Göschen, Böcking, Huschke. Studemund: ita intelligem NE[c] quid *indirecto* h̄etatis legatorumve nomine eos capere posse dicam. Gewiss hat Gaius nicht geschrieben, *ne quid* indirecto, was, meines Erachtens, nicht lateinisch ist, sondern ne quid inde (d. h. ex testamento) directo. So inde accipere. 4. 28 und inde recipere § 3. I. quod cum eo (4. 7).

§ 25. Hi vero, qui dediticiorum numero sunt, nullo modo ex testamento capere possunt, non magis quam qui liber peregrinusque est. So Göschen u. andere. In der Handschrift steht aber nicht *qui liber peregrinusque*, sondern *qui libet peregrinus* (Ulpian. 22. 2 Dediticiorum numero heres institui non potest, quia peregrinus est). Mithin wird die Conjectur von des Amorie van der Hoeven bestätigt, die ich in den Nieuwe Bijdragen voor regtsgeleerdheid, I. 664, bekämpft habe.

In demselben § hat Studem. nicht secundum *quod plerisque placuit*, sondern secundum id. q. M. G. d. h. secundum id quod magis placuit, ein Ausdruck, der bei Gaius öfter vorkömmt. III. 114. 145. 146.

§ 27. *et si contra fererint.* Bei Studem. et si R̄ ea = et si contra ea.

§ 28. Latini multis modis ad civitatem perveniunt. Stud. Latini $\overset{n}{v}$ = vero, in Antithese der dediticii in § 26.

§ 29. *Statim enim eadem l. Aelia Sent.* Studem. *ex* leg $\bar{A}$. $\bar{S}$.

Ibid. *et filium procreaverint* et *is* filius anniculus fuerit. Durch die Subjectsverwechselung ist die Stelle holperich. Studem. C. (cum) his (is) filius anniculus esse *coeperit*, ein Wort, wodurch angedeutet wird, dass der Geburtstag nur angefangen, nicht beendet sein muss. Anniculus sagt L. 134. D. de V. s. (50. 16): non statim ut natus est, sed trecentesimo sexagesimo quinto die dicitur, incipiente plane non exacto die, quia annum civilem non ad momenta temporum sed ad diem numeramus.

Ibid. et ipse Latinus et filius et uxor ejus, si et ipsa ejusdem conditionis est, cives Romani esse jubentur. So liest Göschen nach einer Conjectur Savigny's und wegen einer Stelle Ulpians III. 3. Bei Studemund ist hinter der particula *et* oben eine Correctur, die zwar nicht ganz lesbar ist, doch Savigny's Lesart wahrscheinlich macht.

§ 30. Ideo autem in ipsorum filio adjecimus, si et ipse ejusdem conditionis sit, quia si uxor Latini civis Romana est. So Göschen, Lachmann, Böcking, Huschke. Bei Studem. finde ich: mihi Psor' fil. (vel Fili) lectio non bene ad incertas umbras quadrare visa est. Ich vermuthe, dass man lesen muss *Ideo autem in uxore Latini* adjecimus. si et *ipsa* ejusdem conditionis sit (INIP. SOFIL'NI), worauf dann gut folgt, quia si uxor Latini. Auf den Stand des Sohnes kommt es hier nicht an, und der kann auch nicht leicht ein andrer sein, als der der Eltern. Auch

Ulpianus spricht allein von der Mutter, nicht vom Sohne. III. 3.

§ 32. 33. 34. Diese Paragraphen haben durch Studemund viel gewonnen; da im vaticanischen Manuscript des Ulpian an der Stelle, wo derselbe Gegenstand behandelt wird (tit. III), auf Ex edicto Claudii eine Lücke folgt. Nun liest man bei Studemund: „id est fiunt cives Romani, „si Romae inter vigiles sex annis militaverint. Postea „dicitur factum est senatus consultum, quo data est illis „civitas Romana, si triennium militiae expleverint. Item „edicto claudii [1]), Latini jus Quiritium consecuntur, si „navem marinam aedificaverint, quae non minus quam „decem milia modiorum (frumenti) capiat, eaque navis vel „quae in ejus locum substituta (sit sex) annis frumentum „portaverit. Praeterea, ut si Latinus, qui patrimonium „sestertium C. C. milium plurisve habebit, in urbe Roma „domum aedificaverit, in qua [2]) non minus quam partem „dimidiam patrimonii sui impenderit, jus Quiritium consequatur. Denique Trajanus [3]) constituit, ut si (Latinus) „in urbe triennio pistrinum exercuerit, (in quo in) [4]) dies „singulos non minus quam centenos m (odios) frumenti „pinseret, ad jus Quiritium perveniret" [5]).

§ 42. Bei Studem. steht überall statt Furia Caninia, Fufia Caninia [6]).

---

1) Huschke „Divi Claudii." 2) in quam Huschke.
3) Huschke Divus Trajanus. 4) Huschke: Quod in.
5) S. über diese Stelle Studemund, Verhandl. der 26sten Versammlung Deutscher Philologen in Würzburg. (1869) S. 128.
6) S. cit. Verhandl. S. 127.

§ 43. Usque ad partem quartam directo jure liberare licentia datur. So Böcking. Huschke: usque ad partem quartam manumittendi libera potestas datur. Bei Studem.: usque ad partem quartam manumittendi potestas datur.

Ibid. „Novissime ei qui plures quam C habebit nec plures quam D amplius non — permittitur quam ut quintam partem neque plures." Göschen liest: novissime ei qui plures quam C neque plures quam D habebit, non latior licentia datur quam ut quintam partem neque plures manumittat. Huschke: „neque plures quam D habentis ratio habetur, ut inde pars *sumatur*." Dieser Gelehrte erinnert uns an den Buchhalter, der, um ein gewisses Saldo zu erlangen, zu fingirten Schuldposten seine Zuflucht nahm. So muss hier eine ganze Linie, um das *atur* anzufüllen, eingefügt werden.

Meiner Meinung nach können wir es einfacher behandeln. Bei Studem. liest man: Novissime ei qui plures quam C habebit n (nec) plures quam D n (non) plures ei m̄mittere permitt-tur quam -quintam partem neq plur. — *atur*, dieses ist zu lesen: *neque plures* numer*antur*. Gaius will sagen: nach den 500 werden keine Sclaven mehr gezählt, d. h. es wird keine verhältnissmässige Zahl ferner für die Freilassungen bestimmt, als z. B. von 500 bis 1000 oder von 1000 bis 5000, so dass man hierdurch leicht zu dem Schlusse verleitet werden konnte, als ob man, gleich bei der vorigen Anzahl (ex antecedente numero), wenigstens $^1/_5$ freilassen dürfte, also z. B. von den 600, 120, von den 700, 140. Diess würde wirklich der Fall sein, falls das Gesetz geschwiegen hätte, allein es hat das Maximum von hundert vorgeschrieben. „Sed praescribit lex cet." So verstanden, stimmt das neque *plures numerantur* vollkommen überein mit dem *denique praecipit* bei Ulpian. I. 24.

Ibid. si quis unum servum omnino aut duos habet duntaxat, de eo hac lege nihil cautum est. So Böcking. Huschke: nihil de eo lege cavetur. Bei Studemund: si quis unum servum omnino aut duos habet, ad hanc legem non pertinet.

§ 45. „Sed quod de numero servorum testamento manumittendorum diximus, ita intellegemus, ut ex eo numero, ex quo dimidia aut tertia aut quarta aut quinta pars liberari potest, *utique tot* manumittere liceat, quot ex antecedenti numero licuit. et hoc *ipsa lege* provisum est, erat enim sane absurdum cet.

Dass die von Göschen und anderen angenommene Lesart *ipsa lege* verkehrt ist, halte ich für gewiss. Denn wenn Gaius eine Auslegung nöthig findet (sed hoc ita intelligemus), dann kann im Gesetze selbst nicht das bestimmt gewesen sein, was er aus demselben durch eine Schlussfolgerung deduciren zu müssen meint. Ausserdem zeigen die Worte *erat* enim absurdum (nicht fuisset) auf eine Lücke, die sich bei der Anwendung der Lex Fufia in der Praxis zeigte, und die durch eine spätere Vorschrift ausgefüllt werden musste. Meiner Meinung nach muss man hier an eines der Senatusconsulta denken, das zu denen gehörte, welche die Lex Fufia ergänzten oder veränderten; darum ist zu lesen: et hoc speciali *senatus consulto provisum est*, wie Gaius im folgenden § spricht von specialia S. cta quibus rescissa sunt ea quae in fraudem legis excogitata sunt. Es ist übrigens bekannt, wie unter den Kaisern Leges und Constitutiones durch Scta ergänzt oder modificirt wurden. Siehe u. a. Ulpianus 28. 24: Civitatibus omnibus quae sub imperio populi Romani sunt, legari potest idque a D. Nerva introductum, postea a senatu auctore Hadriano *diligentius* constitutum est.

§ 57. „Unde et veteranis quibusdam concedi solet." Daraus, dass das connubium die patria potestas zur Folge hat, darf man nicht schliessen, dass den veterani connubium verliehen wurde. Bei Studemund liest man: unde C' = *unde cum*, wodurch die Schwierigkeit wegfällt.

§ 63. *Alia ratione inter nos nuptiae esse non possunt.* Göschen, Böcking, Huschke. Bei Studemund alia ratione mihi nuptae esse N P (non possunt).

§ 64. Neque *liberos — hi enim qui ex eo coitu.* So Göschen und andere. Bei Studemund *Itaque* hi qui ex eo coitu nascuntur. Gewiss besser.

§ 70. Idem juris omnino est. So die Ausgaben. Bei Studem. idem constitutum.

§ 71. Praeterea si civis Rom. qui se credidisset Latinum duxisset Latinam. So Göschen und Böcking, Huschke *duxerit.* Bei Studem. „Latinum *esse et ob id latinam.*" wahrscheinlich ist *duxisset* weggelassen.

Ibid: *quo facto peregrina uxor civis Romana* et filius quoque civis Romanus fit. So Böcking. Huschke „quo facto peregrina uxor civis Romana (fit) et filius qui item est peregrinus: cet." Bei Studem. quo facto fiet uxor civis Romana et filius (q̄ ā .. TIA), das heisst *qui ex* ea natus est.

§ 78. Sed hoc maxime casu necessaria lex — fuit. Die meisten Editoren haben nach Ulpianus (V 8) hier an eine lex Mensia [1]) gedacht. Puchta aber meint, da keine gens Mensia bekannt, dass unter Mensia die lex Aelia Sentia verborgen liegt. Bei Studemund lesen wir lex Minicia [2]).

§ 80. *Aliter vero contracto matrimonio eum, qui nascitur, jure gentium* matris condicionem sequi — sed hoc jure utimur. Göschen. Lachmann: At vero hodie civis Romanus est; so auch Böcking. Huschke: at vero hodie nihil interest, sed hoc jure utimur.

Bei Studemund: aliter vero contracto matrimonio eum qui nascitur jure gentium matris conditionem sequi et ob id esse civem Romanum. Sed hoc jure utimur ex sc. quod auctore Divo Hadriano significatur — ut qm̄ (quoque modo) ex Latino et cR̄ natus C̄. R̄ nascatur.

§ 82. Et ex libera et servo liber nascitur. Bei Studemund et z̄ (= contra) ex libera et servo liber nascitur.

§ 91. Si qua mulier ancilla facta sit ob id, quod alieno servo coierit denuntiante domino ejus, *conplures* distinguunt, Göschen, Böcking, Huschke. Bei Studem. ob id quod alieno servo invito et denuntiante domino ejus, co^{it}npl^{e}uir — unt et existimant cet. dus: ob id quod alieno servo invito et denuntiante domino ejus, coiit, plures distinguunt et existimant. cet.

§ 92. Peregrina quoque si vulgo conceperit deinde civis Romana facta sit, et peperit, civem Romanum parit; si

---

1) Cursus § 217. h.

2) Verhandlung. S. 126.

vero ex peregrino, (cui) secundum leges moresque peregrinorum conjuncta est, videtur ex senatus consulto, quod auctore divo Hadriano factvm est, peregrinus (nasci) nisi patri ejus civitas Romana quaesita sit. So Göschen, Böcking, Huschke. Bei Studem. liest man: si vero ex peregrino secundum leges morq̄ peregrinor concepit, ita videtur ex scto quod auctore divo Hadriano factum ē c. R. parere, si et patri ejus c. R. donet. (ur) diese Lesart ist die richtige. *Cui* findet sich in dem C. nicht, das concep (it) hingegen ist sicher und wird von Gaius in den zwei vorhergehenden Paragraphen wiederholt. Civitas alicui quaesita ist ein, wenigstens bei Gaius, nicht gebräuchlicher Ausdruck.

Mit dieser Lesart bei Studemund stimmt auch überein *ut supra diximus* in § 94.

§ 93. Si peregrinus cum liberis civitate Romana donatus fuerit, non aliter filii in potestate ejus fiunt. So Böcking und mit kleiner Variation Huschke. Bei Studemund si peregrinus sibi liberisque suis c. r. petierit, non aliter filii in potestate. cet.

§ 95 et 96. Alia causa est eorum, qui Latii jure. Ueber diese Stelle vgl. Huschke, der in seiner letzten Ausgabe der Iurisprudentia Antejustinianea (1874) schon von dieser Studemundschen Ergänzung Gebrauch gemacht hat.

§ 111. Quae enim velut annua possessione usu capiebatur. Böcking. Huschke: quia enim. Bei Studemund n̄ v̄v̄ (nam velut) annua possessione usucapiebatur, in familiam viri transibat.

Ibid. „itaque lege XII tabularum cautum erat, si qua

nollet eo modo in manum mariti convenire, ut quotannis trinoctio abesset, atque ita usum cujusque anni interrumperet." So Göschen und andere. Bei Studem. lege XII tab. cautum e (est) *ut* si qua nollet eo modo in manum mariti convenire *ea* quotannis trinoctio abesset atque eo modo cujusq. anni (usum ist weggelassen) interrumperet.

§ 112. Ueberraschend ist bei Studemund *Iovi farreo.* Huschke (l. c.) verweist auf den Iupiter dapalis und die Iuno Februalis [1]).

Ibid. nam Flamines majores id est, Diales, Martiales, Quirinales sicut reges sacrorum, nisi sint confarreatis nuptiis nati, inaugurari non videmus. Böcking. Huschke: nam flamines majores, id est Diales, Martiales, Quirinales, item reges sacrorum, nisi qui confarreatis nuptiis procreati sunt, fieri nequeunt: confarreatio etiam necessaria est, cum flamen nuptias contrahit. Bei Studemund: nam Flamines majores — item reges sacrorum nisi ex farreatis NATI(O)N le gunt' (= non leguntur) ac ne ipsi quidem sine confarreatione sacerdotium habere possunt. Farreatis (wenn nicht confarreatis zu lesen ist) kann man von denen die confarreatione geheirathet, ebenso gut sagen als *confarreati parentes* bei Tacitus Ann. 4. 16, wo auch von der Wahl der flamines *legere* als Kunstwort gebraucht wird. *Sacerdotium habere* ist nicht fremder, als das mehr gebräuchliche *sacerdotium petere*, *sacerdotium nancisci.*

---

1) S. Festus in v. Februarius. Mein verehrter Amtsgenosse Prof. Boot hat mich auf den Iup. Pistor, Ovid. Fast. VI. 350 und auf die Worte von Apuleius de Mundo bl. 159 plures eum frugiferum vocant, hingewiesen.

§ 113. *Coemptione in manum conveniunt.* Bei Studem. coemptione v̊ = vero.

Ibid. coemtione in manum conveniunt per mancipationem, id est per quandam imaginariam venditionem, adhibitis non minus quam quinque testibus civibus Romanis puberibus, item libripende praeter mulierem eumque cujus in manum convenit. So Göschen. Huschke fügt hinter die Worte „item libripende" hinzu, „asse emente mulierem eo cujus in manum convenit." Bei Studem. coemtione vero in manum conveniunt p mancipationem (e ΠIxxx) p (id est per) quandam imaginariam venditionem. N (= nam) adhibitis non manu (minus) q̄u v̄ testibus c̄r puberi B item libripende a (= asse) *emit eum* (für *eam*) *mulierem* cujus (wahrscheinlich ist *is* weggefallen) in manum convenit.

§ 114. *Unde aut* matrimonii causa facta coemtio dicitur. So Böcking und Huschke. Bei Studem. *scil.* aut matrimonii causa facta coemtio dicitur.

Ibid. alterius rei causa facit coemtionem cum viro suo aut cum extraneo. Bei Studem. *aut* cum viro aut cum extraneo.

§ 115. *Iis auctoribus.* Bei Studem. sichtbar verkehrt *illis tutoribus;* wahrscheinlich ist *auctoribus* weggefallen.

§ 122. Semisses quoque et quadrantes pro rata scil. portione librae aeris habebant certum pondus. So Böcking und Huschke. Bei Studem. semiss (ci li et quadran Tx pro rata scilicet portione *ad pondus examinati erant. Examinati* kömmt bei Gaius weiter nicht vor, aber wohl bei den Classikern, Cic. Tuscul. quaest I. 19. De orat. 2. 38. *Ad pondus examinare* der gleiche Ausdruck bei

Caesar de bell. Gallico V. 12 Utuntur aut aere aut taleis ferreis *ad certum pondus examinatis* pro nummis.

§ 128. „Cum autem is, cui ob aliquod maleficium ex lege *poenali* aqua et igni interdicitur." Der Ausdruck *lex poenalis* wird weder bei Gaius noch, meines Wissens, bei einem andern Auctor aus der classischen Zeit gefunden [1]). Bei Studem. lesen wir aber nicht *lege poenali*, sondern lege *Cornelia*, mit welcher die Lex Cornelia de falsis gemeint sein kann, die wirklich diese Strafe vorschrieb. L. 33. D. de leg. Corn. de fals, (47 10). Eine andere lex Cornelia hat dieselbe Strafe gegen die Brandstifter angedroht. Mos. et Rom. leg. Coll. 12. 5.

§ 131. Olim quoque quo tempore populus Romanus in Latinas regiones colonias deducebat, qui jussu parentis in coloniam Latinam profectus erat, e patria potestate exire videbatur, cum qui ita civitate Romana *cesserant*, *acciperentur* alterius civitatis cives. So Böcking. Huschke: Olim quidem quo tempore populus Romanus in Latinas regiones colonias deducebat, qui jussu parentis profectus erat in Latinam Coloniam et ipse ex potestate exibat, cum qui ita civitate Romana *cesserant acciperentur* alterius civitatis cives. Gegen beide Lesarten muss jeder, auch unabhängig von einer besseren Abschrift des Codex, Bedenken hegen. Erstens ist der Ideengang nicht sehr logisch, der Grund nämlich, warum die genannten Personen aufhörten cives und deshalb in potestate zu sein, war:

---

1) Wahrscheinlich darum, weil, wegen des Unterschieds zwischen poenae publicae und privatae, *lex poenalis* nicht wie bei uns einen bestimmten Begriff bezeichnet.

quia accipiebantur alterius civitatis cives et nemo duarum civitatum civis esse poterat; man musste darum erwarten, ex patria potestate exibat, quia qui accipiebatur alterius civitatis civis, civitatem Romanam amittebat, aber nun soll Gaius grade das Gegentheil gesagt haben: quia qui civitate Romana cesserant, accipiebantur (was noch zu beweisen war) alterius civitatis cives. Ausserdem ist *cedere civitate* bei Gaius wenigstens nicht gebräuchlich, und endlich ist die Redensart *accipitur civis* mit Bezug auf den, der freiwillig nach einer Colonie geht, ganz verkehrt, aus dem einfachen Grunde, weil eine Aufnahme eines Colonisten, nachdem er sich als solchen zu Rom gemeldet, am Orte wo er sich niederlässt, nie verlangt wurde. Eine solche Annahme konnte auch nur bei dem vorkommen, welcher durch den pater patratus im Namen des römischen Volks dedirt, und durch den Feind als Sühne zu Folge einer völkerrechtlichen Handlung aufgenommen wird; wie in dem bekannten Falle des Mancinus [1]).

Studemund gibt in classischen Worten den gesunden Text. In dem C. steht nämlich: qui jussu parentis in (xxcxxx) a (ic) nam nomen dedissent — rentis esse quia *efficerentur* alterius civitatis civis, so dass man nun liest qui jussu parentis in coloniam Latinam *nomen dedissent*,

---

1) Cic de orat. I. 40 Mancinum — quum cum propter invidiam Numantini foederis Pater patratus ex Scto dedisset cumque illi non *recepissent*. Cic Top. c. 8. Mancinum deditum non esse quoniam non est *receptus*: namque neque deditionem neque donationem sine acceptione intelligi posse L. 17. D. de Legat. (50. 7). id quaesitum in Hostilio Mancino quem Numantini sibi deditum non *accepissent*.

desinebant in potestate parentis esse, quia efficerentur alterius civitatis cives.

Das *nomen dare* in coloniam ist der bekannte Ausdruck für den der sich freiwillig zur Colonisation meldet, und das Zeitwort *efficere* wird sowohl bei Gaius [1]) wie bei anderen Juristen vorzüglich von Personen oder Sachen gebraucht die eine Veränderung des Status oder Zustandes erleiden.

§ 134. et illo contra N vincante (non vindicante) P.R. (a Praetore) vindicanti filius addicit' aut *jure* mancipatur patri. Durch Studemund wird die scharfsinnige und allgemein gebilligte Conjectur v. Scheurl's [2]), dass man für *jure mancipatur* patri lesen muss *non remancipatur* patri und so auch am Ende des § aut remancipantur parenti aut *non* remancipantur bestätigt. Hingegen wird seine Lesart, sed ab eo vindicanti in jure ceditur apud quem in tertia mancipatione est, nicht bestätigt. Im C. liest man nun: ab eo vindicatis qui adop xxxxxxx que xxxxx R xxx mancipatione ee. Höchst wahrscheinlich ist „*aut non remancipatur patri sed ab eo vindicatur is qui adoptatur apud quem in tertia mancipatione est*" die richtige Lesart. Nicht nur wird der Styl viel natürlicher und einfacher, sondern wir halten uns auch so streng wie möglich an die Buchstaben der Handschrift, während von v. Scheurl's *in iure ceditur* keine Spur im MSS. zu ersehen ist.

§ 144. Masculini quidem sexus impuberibus feminini autem tam impuberibus quam nubilibus. So Göschen.

---

1) S. u. a. Gaj. 3. 189 utrum servus *efficeretur* ex addictione.

2) De modis liberos in adopt. dand. diss. Erlang. 1851.

Lachmann: tam impuberibus quam puberibus, Böcking: feminini autem etiam puberibus. Huschke: feminini vero tam impuberibus quam puberibus. Bei Studemund: masculini quidem sexus impuberibus, que c'nuptae sunt; wahrscheinlich stand in der Originalhandschrift: feminini quoque e (cum) nuptae sunt.

§ 149. Rectissime autem tutor sic dari potest: Lucium Titium liberis meis tutorem do. Böcking und Huschke lesen Lucium Titium liberis tutorem *do lego* aut do, obschon letzterer erklärt, dass der Ausdruck *do lego* für die Ernennung eines Vormunds nicht in die Volkssprache eingedrungen sei, und dass man kein einziges Beispiel dafür citiren könne. Es würde auch wirklich eine ganz unpassende Redensart gewesen sein. Zwar hatte das Wort legare (legem dicere) anfänglich, wie aus dem uti legasset der XII Tafel zu ersehen, eine sehr weite Bedeutung, so dass jede Verfügung im Testamente, Erbeinsetzung, Freilassung, Ernennung eines Vormunds u. s. w. darin begriffen war; später wurde es aber in einem viel engeren Sinne und allein von solchen besonderen Verfügungen gebraucht, durch welche zum Nachtheile des Erben einem Anderen ein Vermögensvortheil zugewiesen wird, welcher sonst ersterem zugefallen wäre. In einem Worte, Legatum bedeutet zur Zeit der classischen Juristen ein Stück aus der Nachlassenschaft, wodurch ein Anderer als der Erbe als solcher begünstigt wurde. Legatum est, sagt L. 116 D. de Leg. I. (30) delibatio hereditatis qua testator ex eo quod universum heredis foret, alicui quid collatum velit [1]).

---

1) S. Arndts Die Lehre von den Vermächtnissen. T. I. S. 15.

Dass durch die Ernennung eines Vormunds der Erbschaft, dem Vermögen nichts entzogen wird, folgt sowohl aus der Natur der Sache, als daraus, dass die Regel: ante heredis institutionem inutiliter legatur, nec libertas ante heredis institutionem dari potest, bei der Ernennung eines Vormunds von Labeo und Proculus verworfen wurde, und zwar aus dem Grunde, quod nihil ex hereditate erogatur tutoris datione Gaj. II. 229—232. Die Analogie mit dem legatum rei per vindicationem hätte Huschke also gewiss nicht anführen müssen. Allein, was steht nun wirklich in der Handschrift? Folgendes:

Rectissime at. (autem) tutor sic dari potest: Lucium Titium liberis meis TUT dolic. Tut. do. Man lese mithin Lucium Titium tutorem do, Lucium tutorem do und dann will Gaius nichts weiter sagen als diess: wenn der zu ernennende Vormund *Lucius Titius* heisst, dann genügt es, dass der Erblasser ihn mit einem seiner Namen nenne, wenn es nur erhellt, dass er diese Person zum Vormunde zu ernennen beabsichtigte. So sagt L. 30 D. de testam. tutela (26. 2). Duo sunt Titii, pater et filius; datus est tutor Titius, nec apparet de quo sensit testator: quaero quid sit juris? Respondit is datus est quem dare se testator sensit, L. I. D. de her. instit (28. 5) qui neque legaturus quid est nec quemquam exheredaturus, quinque verbis potest facere testamentum ut dicat Lucius Titius mihi heres esto.

Poterit etiam tribus verbis testari ut dicat" Lucius heres esto" nam et mihi et Titius abundat.

§ 157. Feminae vero talem habere tutorem non intelliguntur. So Böcking, Huschke: feminae vero talem habere tutorem non amplius çoguntur. Studemund: femina vero talem habere tut non po, wahrscheinlich ist *cogi* weggefallen.

§ 158. Cognationis vero jus *capitis diminutione* non commutatur. Göschen. Huschke: cognationis vero jus non commutatur. Bei Studemund: Cognationis vero jus eo$\overset{\circ}{m}$ (= eomodo) non commutatur. In den Instit. § 3 de leg. agn. tut (1. 15) cognationis vero jus non omnibus modis.

Ibid. quia civilis ratio civilia quidem jura corrumpere potest. Bei Studemund verkehrt: civilis ratio *Ne* civilia quedam jura corrumpere potest. In den Institutionen civilia quidem jura.

§ 159. Est autem cap. diminutio prioris *capitis* permutatio. Der C bestätigt die Vermuthung Savigny's, dass nicht status sondern capitis permutatio zu lesen sei, obschon im Widerspruche mit den Institutionen und mit der Definition, die Gaius selbst in L. 1. D. de cap. min (4. 5) giebt.

§ 160. Maxima est capitis diminutio cum aliquis simul et civitatem et libertatem amittit — qui ex patria.

Item feminae liberae ex Senatus Consulto Claudiano. Huschke liest: maxima est capitis diminutio cum aliquis simul et civitatem et libertatem amittit, quod accidit velut in his qui ex patria aut censum non professi aut militiae munus frustrati, peregre veneunt, item in his qui in patria tanquam servos se venumdari passi, ex senatus consulto servi fiunt eorum, quorum fraudandorum consilium habuerint, quaeve ingenuae cet. In der Handschrift ist kaum für ein Viertel dieser Ergänzung Raum. Bei Studemund lesen wir: maxima $\bar{e}$ kap dim cum aliquis simul et civitatem et lib. amittit quae accidit incensis qui ex forma censuali venirijuv (b)eutur *q* jus$\overset{p}{p}$r. (l. II) . . . . . ex leg. . . . . . qui contra eam legem in urbe Roma domicilium habuerint item feminae.

Es will mir scheinen, dass Gaius am Ende dieser Stelle von der Vorschrift der L. Aelia Sentia handelte, welche den deditii verbietet sich in Rom aufzuhalten (in urbe Roma morari), und dem Uebertreter die Strafe androht, als Sclave unter der Bedingung, dass er nicht in Rom dienen dürfe, verkauft zu werden (Gai. 1. 27). Man würde dann eine Parallele haben mit den incensi qui peregre veneunt und also lesen müssen: *ex lege Aelia Sentia*, qui contra eam legem in urbe Roma domicilium habuerint. Das einzige Bedenken gegen diese Conjectur wäre: dass man von dem dediticius eigentlich nicht sagen kann: civitatem et libertatem amittit, da er die Civität nicht gehabt hat, hiergegen ist indess zu erwägen, dass ihn doch unbezweifelt durch den Verlust der Freiheit, wenn er auch, da er sie verlor kein civis Romanus war, eine maxima capitis diminutio getroffen haben muss [1]).

§ 161. *Minor capit. diminutio.* Bei Studemund: minor sive media est. kap. dimin. So in den Institutionen 1. 16. § 2.

§ 165. Ex eadem lege duodecim tabularum libertorum

---

1) Sav. Syst. II. p. 63. Sie (d. i. die max. cap. dim.) besteht in dem Verlust der Freiheit, das heisst in der Verwandlung eines Freien (Ingenuus oder Libertinus) in einen Sclaven.

et libertarum tutela ad patronos — pertinet. Sie, die so aus den Institutionen ergänzten, dachten nicht an die tutela sexus. Bei Studemund lesen wir aber: Ex eadem lege xii Tab. *liberarum* (für libertarum) et impuberum liberorum (für libertorum) wie in § 167. Latinarum et Latinorum impuberum.

§ 166. Exemplo patronorum — fiduciaria — sunt — fiduciariae — quae ideo nobis competunt cet. Göschen. Böcking: Exemplo patronorum etiam fiduciariae tutelae receptae sunt. Eae enim tutelae scil. fiduciariae vocantur proprie quae ideo nobis competunt. Huschke: Exemplo patronorum rursus fiduciariae tutelae receptae sunt emancipatorum et quae fiduciariae vocantur proprie, quae ideo nobis competunt. Wirklich ein schöner und des Gaius würdiger Stil. Was giebt nun Studemund? Exemplo patronorum — de Fiduciaria rec Tae sunt et aliae tutelae quae fiduciariae vocantur ide — quae ideo nobis competunt. Gewiss gehören die Worte *de Fiduciaria* (tutela) zur Rubrik, von welchen sich bei Gaius mehrere finden, und so erlangen wir die einfache Lesart: Exemplo patronorum receptae sunt et aliae tutelae quae fiduciariae vocantur, quae ideo nobis competunt cet.

§ 167. Sed Latinarum et Latinorum impuberum tutela non *ut bona eorum* ad eos utique, qui eos manumiserunt pertinet. So Huschke. Röder ad Ulpianum pag. 49: Sed Latinorum et Latinarum impuberum manumissorum fiduciaria tutela ad eos quorum in bonis antea fuerunt non pertinet sed cet. Vana somnia! Im Codex steht sed Latinarum et Latinorum impuberum xxxv la (tutela) non *omni modo* ad manumissores libertineorum (libertinorum) — pertinet sed ad eos cet.

§ 168. Agnatis qui legitimi tutores sunt item manumissoribus, permissum est feminarum tutelam alii in jure cedere: pupillorum autem tutelam non est permissum cedere, quia non videtur onerosa. Göschen, Böcking, Huschke. Bei Studemund: Agnatis et patronis et liberorum capitum manumissoribus — *quia non videtur onerosa.* Studemund hält die Lesart *onerosa* für fere certa. Es ist bekannt, dass einige annosa, andere lucrosa lesen wollten.

§ 175. Patroni autem loco habemus etiam parentem, qui in . . . . . . sibi remancipatam filiam neptemve aut proneptem manumissione legitimam tutelam nanctus est. Göschen. Böcking: Patroni autem loco habemus etiam parentem qui in — ip . . . sibi. Huschke: Patroni autem loco habemus etiam parentem qui in e mancipio (sic!) sibi remancipatam filiam neptemve aut proneptem manumissione legitimam tutelam nanctus est. Bei Studemund: Patroni autem loco habemus etiam parentem, qui *ex eo quod ipse sibi remancipatam* filiam neptemue aut proneptem $\overline{\mathrm{m\ m}}$ (manumisit) legitimam tutelam nanctus est.

§ 176. Sunt tamen causae ex quibus etiam in patroni absentis locum — tutorem petere. Göschen. Böcking: sed ad certam quidem causam etiam in patroni absentis locum — permisit senatus tutorem petere. Huschke: Ad certas tamen causas — permisit senatus tutorem petere. Bei Studemund S . . (sed) aliquando etiam in patroni absentis locum $\overset{r}{\mathrm{p}}$ (s I I $\dot{\mathrm{c}}$ $\overset{ur}{\mathrm{II_x}}$) (permittitur) tutorem petere.

§ 182. In locum ejus alius tutor detur, quo *dato* prior

tutor amittit tutelam. Göschen. Huschke: in locum ejus alius tutor detur, quia qui prior fuerat, jure civili non amittit tutelam. Bei Studemund: In locum ejus alius: T U T. detur *quo facto* prior tutor amittet tutelam.

§ 183. Haec omnia similiter Romae et in provinciis observantur, scilicet et in provinciis apside provinciae T V T p c. So bei Studem. Wahrscheinlich muss man lesen: Haec omnia similiter Romae et in provinciis observantur, scilicet ut et in provinciis a praeside provinciae tutor detur [1]). Huschke setzt mehr als doppelt so viele Buchstaben als der leere Raum fassen kann.

§ 184. Post sublatas legis actiones, quidam putant hanc speciem dandi tutoris — in usu est si legitimo judicio agatur. Huschke: post sublatas legis actiones quidam putant, hanc speciem dandi tutoris desisse esse necessariam, sed adhuc dari in usu est, si legitimo judicio agatur. Bei Studemund: Sed post sublatas legis actiones quidam putant hanc speciem dandi T U T in usu ē ē desisse ali (aliis) placeta $\overset{ie}{\text{T}}\text{H}\overset{l}{\text{U}}\overset{n}{\text{N}}$CINIU$_x$U e ē s. d. h.: aliis placet, adhuc in usu esse, si legitimo judicio agatur.

§ 187. *Ex his legibus tutor dabitur.* Bei Studemund: ex his legibus tutor peti debet.

§ 188. nos qui diligentius — hoc solum tantisper sufficit admonuisse. Bei Studemund: nos qui diligentius — hoc *totum*.

§ 189. quamuis ut supra diximus, soli cives Romani

---

1) Ulpianus XI 20 sed postea Senatus censuit, ut etiam in provinciis quoque similiter a praesidibus earum ex eadem causa tutores dentur.

videantur *tantum* liberos in potestate habere. Diess ist gewiss auf das im § 55 Bemerkte zu beziehen, aber da sagte Gaius nicht, was er auch nie sagen konnte, dass *nur* die Römer ihre Kinder in der Gewalt hatten, sondern bloss, dass nirgends die väterliche Gewalt so weit reiche: nulli alii sunt homines qui talem in filios suos habent potestatem, qualem nos habemus. Bei Studemund steht: quamuis ut supra diximus soli c r̄ videantur T an.T liberos suos in potestate habere. Wenn man nun das *in* vor *liberos* und eine *m* hinter *potestate* setzt, lesen wir quamuis — soli c r videantur *tantam in liberos* suos *potestatem* habere, was sehr gut mit § 55 übereinstimmt.

§ 195. Auf et Titia folgt nun bei Studemund: N in patronae TuTe̅e̅ (nam in patronae tutela esse) non potest.

§ 200. plerumque non coguntur satus dare Scil Cet'qa satishon T — unt Studemund bermerkt hierbei: spatium fenestrae post 13am literam 27 hiantis ad *estielec* literas capessendas sufficit. Vielleicht ist also hier abweichend von der entsprechenden Institutionenstelle (die satis idonei hat) zu lesen: satis honesti electi sunt. Und wirklich wird bei den tutores testamentarii nicht so sehr auf das Vermögen als auf fides et diligentia gesehen, und so sagt auch Modestinus (L. 21. § 5. D. de tut. et cur. (26. 5) neque enim facultas dignitasve tam faciunt ad fidem habendam, quam bona indoles et probi mores, und Ulpian. (L. 5. § I. D. de leg. tut 26. 4) ut si persona honesta sit, remittatur ei satisdatio si autem persona vulgaris vel *minus* honesta sit cet.

ZWEITES BUCH.

§ 5. Sed sacrum quidem solum existimatur auctoritate populi Romani fieri: consecratur enim lege de ea re lata aut senatus consulto facto. So Göschen. Böcking: sed sacrum quidem locum nullum existimant sine auctoritate populi Romani fieri cet. Huschke: sed sacrum quidem solum tantum existimatur. Bei Studemund: Sed sacrum quidem hoc solum existimatur (o) *q* x x (? ?) (quod) auctoritate p.r. (populi Romani) con sec. xxx um (consecratum est) veluti lege de ea re lata asc (aut Senatus Consulto facto).

§ 7. Possessionem tantum *et* usumfructum habere videmur. So die meisten Ausgaben; bei Studemund: possessionem tantum *vel* usumfructum, doch meine ich, dass erstere Lesart die ursprüngliche war. Gaius will hier sagen, dass der Besitzer thatsächlich *beinahe* mit dem Eigenthümer gleichstehe, sowohl hinsichtlich der Veräusserungs- und Verpfändungsbefugniss, als des Fruchtgenusses. Auch Theophilus (§ 40. I. de rer.: div.) sagt von den Besitzern der praedia provincialia *αλλ' εἶχον τὴν ἐπ' αυτοῖς χρῆσιν καὶ επικαρπίαν καὶ πληρεστὰ τὴν κατοχὴν.*

Ibid. *quia etiam* quod in provincia non ex auctoritate populi Romani consecratum est, *etsi* proprie sacrum non est tamen pro sacro habetur. So Huschke. Böcking: *quia etiam* quod in prov. non ex auctoritate pop. Rom. consecratum est, proprie *quidem* sacrum non est, tamen pro sacro habetur, Göschen: quia etiam quod in prov. — consecratum est, quam quam proprie sacrum non est cet. Bei Studemund: *item* quod in prov. non ex auctoritate populi Romani consecratum est, proprie sacrum N (non) est TT m (tamen) pro sacro habetur.

§ 15. Tunc videri mancipi esse, cum ad eam aetatem pervenerint, in qua domari solent. Huschke. Göschen: cum ad eam aetatem pervenerint cujus aetatis domari solent. Bei Studemund: tunc videri mancipi ee̅ (esse) *incipere* c (cum) ad eam aetatemp ve nerint quia (qua) domari solent.

§ 16. *Nec mancipi sunt velut ursi, leones.* — Huschke: e diverso ferae bestiae. Bei Studemund hinter den Worten domari solent xx (wahrscheinlich *at*) ferae bestiae nec mancipi sunt.

Ibid. item ea animalia quae ferarum bestiarum numero sunt. Böcking: item ea animalia quae fere bestiarum numero sunt. Huschke: quac fera e bestiarum numero sunt. Böckings Lesart wird durch Studemund bestätigt. Die noch folgenden Worte et ideo ad rem non pertinet, quod haec animalia dorso collove domantur wollen sagen, dass diese Thiere, obschon sie gezähmt sind und Arbeit verrichten, dennoch mit den ferae bestiae fast (fere) auf gleicher Linie stehen. L. 2. § 3 D. de lege Aquil. 9. II.

Elephanti et Cameli quasi mixti sunt. nam et jumentorum operas praestant et natura eorum fera est.

Quod haec animalia etiam collo dorsove domantur quorum mancipi esse: quaedam non mancipi sunt. Böcking velut quorum qu. Huschke: item animalia quaevis minora, unde etiam mansuetorum, quorum singula quaedam supra diximus mancipi esse, quaedam nec mancipi sunt. Bei Studemund lesen wir aber: et ideo ad rem non pertinet, quod haec animalia etiam collo dorsove domari S$\overset{u}{\overset{e}{o}}$ xx N x N$\overset{di}{a}$m N x x x qd eorum animalium illo tempore fuit-qu$\overset{o}{e}$ c$\bar{o}$ stituebatur quasdam res mancipi $\bar{ee}$ quas dam non mancipi. Es wird also nicht sehr, was den Sinn betrifft, von der Wahrheit entfernt sein, wenn wir lesen: et ideo ad rem non pertinet, quod haec animalia etiam collo dorsove *domari solent* (nicht domantur, wie in allen Ausgaben) nam nullum quidem eorum animalium illo tempore fuit, quo constituebatur quasdam res mancipi esse, quasdam nec mancipi. Es ist deutlich, dass Gaius darauf hinweisen will, dass obschon zu seiner Zeit die Elephanten und Cameele als Lastthiere gebraucht wurden, diess doch, als der Unterschied zwischen res mancipi und nec mancipi aufgenomen wurde, nicht der Fall war, weil damals diese Thiere noch nicht in Rom vorhanden waren, und sie nach jenem Zeitpunkte beurtheilt werden müssen [1])

---

1) Bekannt ist es, dass die Elephanten den Römern bis Pyrrhus unbekannt waren, und dass die Cameele erst zu Caesars Zeit in Rom geschen wurden. Cannegieter zu Ulpian. XIX. n. 1. Wenn diese Lesart die richtige ist, dann ersehen wir auch, dass die Unterscheidung zwischen res mancipi und nec manc. viel älter ist als sie z. B. von Hugo angenommen

§ 17. Exceptis Servitutibus praed. rust. nam hae quidem mancipi res sunt. Böcking. Huschke: Exceptis Serv. praed. rust. in Italico solo, quae mancipi sunt. Bei Studem. exceptis servitutibus praediorum rusticorum. nam eas mancipi ee̅ constat.

§ 18. Magna autem differentia est mancipi rerum et nec mancip: Bei Studem. differentia est + (= inter) res m. et n. m.

§ 19. nam res nec mancipi *nuda traditione* abalienari possunt. Göschen. Böcking: nuda traditione ad alium transferri possunt — Huschke: nuda traditione ad alium transferuntur. Bei Studem. nam res. n. m. *ipsa traditione pleno jure* alterius fiunt. So Ulpian. 19. 7: harum rerum dominium *ipsa traditione* apprehendimus. *Pleno jure* erklärt Gajus selbst 2. 41.: id est in bonis et ex jure Quiritium.

§ 20. *tua fit ea res.* Huschke setzt in die Lücke: sine ulla juris solemnitate. Bei Studem.: tua fit ea res, si modo ego ejus dominus sim.

§ 24. idque legis actio vocatur *quae* fieri potest etiam in provinciis. Bei Studem.: idque legis actio vocatur. *hoc* fieri potest, etiam in provinciis apud p sides earum. Letztere Worte kommen mir etwas verdächtig vor und scheinen ein Glossem zu sein, da Gajus schon im Anfange gesagt hat, die Handlung könne auch bei dem Praeses Prov. statt finden, und auch Boethius Top. III. 25. § 8. sein

---

wird. S, Schilling, Bemerkungen, p. 155. Plange, über res manc. und nec m. (Heidelb. 1858), p. 58.

Citat aus dieser Stelle mit den Worten idque legis actio vocatur schliesst.

§ 25. aut apud praes. prov. *quaerere.* Bei Studem. *agere*, was besser mit dem Sinne harmonirt; da, um eine in jure cessio zu verrichten, keine besondere Bemühungen beim Praeses erforderlich waren.

§ 37. *utrum aliquis adeundo hereditatem fiat heres.* Bei Studem.: utrum adeundo *statim* fiat heres.

§ 45. sed aliquando — etiamsi maxime quis b. f. alienam rem possideat, numquam tamen illi usucapio procedit. Bei Studem. *non tamen* — illuc (illi usucapio) procedit. *Aliquando* und *numquam* passen nicht gut zusammen. Siehe § I. de Usucap (II. 6).

§ 51. tamen nihil hoc bonae fidei possessori ad usucapionem nocet. So Göschen und andere. Bei Studem.: nihilo mm. x I xxxx CIS xxx opi ad usucapionem nocetur; vielleicht ist also zu lesen: nihilomagis bonae fidei possessori ad usucapionem nocetur.

§ 54. quod olim rerum hereditariarum possessione velut ipsae hereditates usucapi credebantur, scilicet anno. Bei Studemund: quod olim rerum hereditariarum *posessiones* ut ipsae hereditates usucapi credebantur. Dies ist die richtige Lesart. Man glaubte nämlich ehemals, dass Besitzungen, die zur Erbschaft gehörten, unter denselben Bedingungen wie die Nachlassenschaft selbst, durch Ersitzung erworben würden, nämlich in einen Jahre. Nach der andren Lesart ist das *velut* überflüssig und ausserdem der Gedanke unlogisch. Es würde nämlich heissen: man meinte ehemals, dass durch den Besitz der Erbschaftssachen die Erbschaft selbst der Gegenstand der Ersitzung wurde, nämlich in einem Jahre. Die folgenden Worte et *quamvis* bedeuten, dass, obschon die Nachlassenschaft nicht mehr zur usucapio für geeignet gehalten wird, und also die Gleichstellung der res hereditariae mit der hereditas keinen Grund mehr für die kurze Verjährungsfrist liefert, tamen annua usucapio remansit.

§ 58. Et necessario tamen herede extante, ipso jure pro herede usucapi potest. Hier nimmt uns Studemund einen Stein des Anstosses weg, von dem es wirklich merkwürdig ist, dass er so wenig die Aufmerksamkeit der Gelehrten erregte und zu keinen Conjecturen (die hier so sehr an rechter Stelle gewesen wären) Veranlassung gab. Nach der angenommenen Lesart wurde die pro herede usucapio dem heres suus gegenüber, in alter Zeit wenigstens, in Zweifel gezogen [1]), wahrscheinlich wegen des continuationem dominii eo rem perducere, ut nulla videatur hereditas fuisse, aber so ein heres necessarius war, würde sie gewirkt haben, d. h. dem gegenüber, der selbst gegen seinen Willen post mortem testatoris protinus heres fit [2]), so dass weder die Sorge für die Fortsetzung der sacra, noch die für die Gläubiger, (welche augenblicklich zum Verkaufe des nun dem heres necessarius gehörigen Vermögens schreiten konnten) irgend einen Andrang erfor-

---

1) Nihil pro herede posse usucapi suis heredibus existentibus *magis obtinuit* L. 2. C. de usucap. pro her. (7. 29).

2) So sehr war die Erbschaft mit dem heres necessarius gleichsam in einander verwachsen, dass Gajus mit seinen praeceptores annahm, dass nihil agere necessarium heredem cum in jure cedat hereditatem II. 37.

dern, geschweige denn eine Anomalie, wie die improba usucapio einigermassen entschuldigen konnte. Dennoch wurde es von allen als ein unzweifelhaftes Dogma verkündet [1]), dass selbst nach dem Senatsbeschluss Hadrians die improba usucapio fortgedauert hätte, wenn ein heres necessarius ernannt war. Um so mehr ist es zu verwundern [2]), dass man sich hieran nicht früher gestört hat, da das *ipso jure* in angeführter Stelle bedeutungslos ist. Glücklicher Weise können wir jetzt von dieser Irrlehre auf immer Abschied nehmen, da wir bei Studem. lesen: Necessario tamen herede extante. *N͞V* (das gewönliche siglum für *nihil*) ipso jure pro herede usucapi potest. So wird uns alles ganz klar und deutlich; während jedem andern Erben gegenüber nach dem senatus consultum ein rescindirendes Rechtsmittel, um die Folgen der improba usucapio aufzuheben, nöthig war, kann bei der Existenz eines heres necessarius von der Ersitzung gar nicht die Rede sein (nihil *ipso jure* pro herede usucapi potest). Merkwürdig ist es, wie nicht nur hier sondern auch an einer andren Stelle des Gajus (III. 201) die Nichtbeachtung derselben Sigle den Irrthum tiefer einwurzeln liess. Auch dort steht

---

1) Man s. u. a. Puchta. Instit. II. § 239 ff. Leist das Röm. Erbrecht Besitz. p. 212.

2) Huschke (Zeitschr. für Gesch. Rechtsw. T. 14. p. 171) suchte den Ausweg: dass die Freiwerdung als ein Singularerwerb aus dem Vermögen des Verstorbenen ex testamento im Begriffe das Entstehen einer hereditas als ein prius voraussetzt. Aber es ist nicht die Frage, ob eine Erbschaft besteht sondern die, ob von einer usucapio hereditatis die Rede sein kann, da die Erbschaft augenblicklich bei dem Tode des Erblasser unabweisbar erworben war.

nicht, wie alle Ausgaben lesen, necessario herede extante placuit ut pro herede usucapi posset, sondern das Gegentheil: necessario herede extante placuit NV pro herede usucapi posse. Uebrigens ist *et* vor *necessario* wahrscheinlich aus dem vorhergehenden *et* in *ess-et* entstanden und muss also gestrichen werden.

§ 64. *item procurator.* Böcking lässt folgen: id cujus libera administratio ei data est. Huschke: item procurator rem ejus a quo rerum ei administratio data est. Bei Studemund: item procurator i c c x p s x R x O T c i s c R I S x x d x ē. (über R: p; über S: n o v)
Vielleicht stand: item procurator cui pecuniae administratio data est wie es I. 122 von dem servus dispensator heisst. Diese Lesart schliesst sich wenigstens mehr an die Buchstaben der Handschrift an, als die Dernburgs: item procuratori rem alienam distrahere permittitur ex mandatoris voluntate (Pfandr. II. p. 109) und ist mehr im Einklang mit Gaius Stil.

§ 66. Sed etiam quae occupando — quia antea nullius essent. Göschen: *quae occupando ideo acquisiverimus.* Böcking und Huschke: *quae ideo nostra fecerimus.* Bei Studem.: occupando ideo p p x s c p i s I c rimus quia. (über den Buchstaben: r e r t e) Man muss also lesen: *ideo adipiscimur.*

§ 71. *Quodsi flumen* partem aliquam ex tuo praedio detraxerit et ad meum praedium attulerit. So die früheren Ausgaben. Bei Studem.: *Itaque si*, und diese Lesart verdient, obschon Justinians Institutionen gegen sie sind, den Vorzug, weil die alluvio eine unmerkbare Anschwemmung ist, muss bei der Antreibung, avulsio, das Gegentheil gelten. Statt *detraxerit* liest man bei Studem. *reciderit* (s. L. 6. § 2. D. de arbor. furtim caes, (47. 7) und für *attulerit*, *pertulerit*.

§ 76. Sed si ab eo petamus fructum vel aedificium. So Göschen. Böcking und Huschke: si ab eo petamus *fundum* vel aedificium.

Erstere Lesart wird durch Studem. bestätigt und ist auch die richtige. Der Kläger fordert das durch des Andern Arbeit Hervorgebrachte, ist gebaut, das aedificium, ist gesät, die Früchte, so auch in § 30 et § 32 I. de R. D. (2. 1).

§ 82. Unde pupillus vindicare quidem nummos suos potest sicubi extent, *id est intendere* suos ex jure quiritium esse, mala vero fide consumptos, perinde ab eo repetere potest, atque si possideret. So Hollweg, Böcking, Huschke. Göschen: mala vero fide consumtos ab eo qui accepit repetere potest cet. Studem. berichtet: nullo modo *intendere* scriptum fuit; in sequentibus de *mala fide* non videtur actum fuisse. Ausserdem bezieht sich das *id est* grammatisch nicht auf *vindicare* sondern auf das nächst vorhergehende *sicubi extent.* Nach meiner Ansicht wollte Gaius hier nicht das *vindicare* erklären, sondern vielmehr das *nummi sicubi exstent*, und dachte hierbei an den Fall dass sie verzehrt oder so mit andern vermischt sind ut discerni non possent, ein Fall, von dem Javolenus sagt — und das ist der Grund für meine Vermuthung — dass er in Libris Gaji scriptum behandelt war L. 78. D. de Solut (46. 3). Die Wörter und Buchstaben bei Studem. sind: vindicare quidem suos nummos potest sicubi extent id est e ꭗꭗꭗ etere (ɪuɪosoɪqcssmꭗloqdrꭗɴꭗuꭗꭗꭗ, vielleicht ist dies so zu entziffern: *id est cum ceteris non mixtos neque consumtos.* Im folgenden Satze hätte Gajus dann die Frage behandelt, ob im Falle des Verbrauchs, womit die Vermischung gleichgestellt ist, der Unmündige nicht dennoch auf eine andre Weise sein Recht gelten lassen kann, actione eos persequi possit. Dass Gajus dies noch als zweifelhaft hinstellt, ist wahrscheinlich daraus zu erklären, dass die Regel consumtio mutuum conciliat, noch nicht die vollständige Anerkennung gefunden hatte, die sie später erlangte. L. 11. § 2. L. 19. § I. de R. C. (12. 1). Ohne grade von der Richtigkeit der einzelnen Ausdrücke überzeugt zu sein, können wir diese doch ohne Zweifel, was den Ideengang betrifft, annehmen, um so mehr da er mit dem des Theophil. § 2. I. quibus alienare licet durchaus zusammentrifft.

§ 93. Sed si bonae fidei possessor usuceperit servum. Bei Studem.: Sed si b. f possessor *cum* usuceperit ervum. Ich lese also *eum* usuc. servum d. h. den Sclaven, von dem in § 92 die Rede war.

§ 94. Loquimur autem in utriusque persona secundum *distinctionem*, quam proxime exposuimus. So Göschen, Böcking, Huschke. Diese Lesart is zu verwerfen, weil der Gegensatz *quod extra eas causas acquiritur* fehlt, und man die Worte *id nobis acquiritur* mit Böcking für ein Glossem halten müsste. Bei Studem. liest man aber nicht *distinctionem* sondern *definitionem*, d. h. die in § 91 angeführte Regel. Der Scharfblick Schrader's bemerkte dies in seiner Anmerkung zu § 4. I. per quas pers. nob. acq. (2. 9.): *definitionem* elegantius forsan ipsi Gajo restituendum.

§ 95. Per extraneam personam nihil acquiri posse — quaeritur, anneper — nobis acquiratur. Göschen vermuthet: per extraneam personam nihil acquiri posse, excepta possessione: de ea enim quaeritur, anne per liberam personam nobis acquiratur. Bei Studemund: per extraneam personam nobis acquiri non posse. Tantum de possessione quaeritur, an p p, d. h. per procuratorem (nicht wie Stud. vermuthet: *ossessore* aut simile quid: S. § 5. I. per quas pers. nob. acq.) nobis acquiratur. Die Ansicht Savigny's (Besitz. § 26, not. 1) dass der Besitzerwerb durch eine extranea persona schon sehr früh, selbst zur Zeit Labeo's in der Praxis angenommen war, wird durch diese neue Lesart widerlegt und es wird auch durch sie ersichtlich, warum Severus und Antonius es nöthig erachteten in L. 1 C. de possess. (7. 32) alle Ungewissheit hinsichtlich dieses Punktes wegzunehmen, und wie es deshalb vorgestellt wurde, als hätten sie diese Regel eingeführt, wenn auch die Praxis schon früher diese Richtung genommen hatte L. 11. § 6. D de pign. act. (13. 7) und die angeführte Institutionenstelle.

§ 98. Sive quem adrogaverimus. Jedenfalls befremdet es, dass man so zufolge § 6. J. per quas pers. (11. 9) lesen und vergessen konnte, dass früher auch die eigentliche adoptio ein modus acquirendi per universitatem war, und dass erst Justinian verfügte: cum filius familias a patre naturali extraneae personae in adoptionem datur, jura patris naturalis minime dissolvuntur nec quidquam ad patrem adoptivum transit § 2. I de adopt. I. XI. (hodie ex nostra constitutione L. 10. C. de adopt. (8. 4). Bei Studem. steht aber nicht *adrogaverimus*, sondern sehr deutlich *adoptaverimus;* und so wird auch III. § 83 bei Gajus gelesen in *adoptionem* se dedit, aber bei Justinian (§ 1. I). de acq. per arr. (III. 9) cum pater fam. sese in *arrogationem* dat.

§ 101. *aut calatis comitiis faciebant.* So Göschen und Böcking. Huschke: ea faciebant. Bei Studem.: calatis. Com. T^{ta} = testamenta faciebant.

Cum belli causa ad pugnam ibant. Bei Studem. cum belli causa *arma sumebant*, dies ist besser im Einklang mit den folgenden Worten: procinctus est enim, und hiermit verfällt die Frage v. Assen's (adnot ad Gaj. Inst. L. 11. p. 67): An umquam aliam ob causam iverit miles ad pugnam quam belli causa?

§ 103. *aliter ordinatur atque.* Bei Stud. aliter ordinatur q = quam.

§ 104. Familiam pecuniamque tuam endo mandatela custodelaque mea q^{o} tu jure testamentum facere possis secundum legem publicam hoc aere et ut quidam adjiciunt aeneaqlibra esto mihi emta. So bei Studem. Theilweise wird also die Lesart von Huschkes familiam pecuniamque tuam endo *mandatela, tutela custodelaque* mea ex jure quiritium esse ajo eaque cet. S. dessen vortreffliche Erklärung dieser Formula, Studien, 1. p. 245 u. f.

§ 112. *Testamentum facere — scil. ut quae tutela liberatae non essent*, ita *testari deberent.* Böcking liest: testamentum facere permisit, si modo majores essent annis

XII tutore auctore cet. Huschke: sed senatus divo Hadriano auctore ut supra quoque significavimus, mulieribus etiam coemtione non facta testamentum facere permisit, si modo facerent majores annorum XII tutore auctore. Bei Studem.: Tor divi Hadr^{u} sc̄Fe (factumest) q^{o} permissum e^{o} xxxxxxxx S feminis etiam sine coemtione testamentum facere, si modo N (non) minor (es) essent anni (annis) XII. scilicet ut q̄ tutela liberatae N (non) eēnt (essent) *ita* testari debent. Der Kopist fand TA, und wusste, da wie auch oft in dieser Handschrift das Strichlein (¯) auf dem Buchstaben weggelassen, keinen Rath mit TA, und machte darum hieraus ITA. Scilicet ut q̄ tutela liberatae N (non) eē nt (essent) *ita* testari debent, allein gewiss war nicht die ursprüngliche Lesart ITA, sondern TA, das gewöhnliche Zeichen für tutore auctore, und so bekommen wir den einfachen Satz, Scilicet ut quae tutela liberatae non essent, tutore auctore testari debeant.

§ 113. Femina vero post XII annum testamenti faciundi jus nanciscitur. Huschke fügt hinzu tutore auctore. Bei Studem.: femina vero *potest* XII annorum testamenti faciundiis nancicit. Lässt man *po*test weg, dann haben wir: Femina vero XII annorum testamenti faciundi jus nanciscitur. *Post* XII *annum* konnte nie geschrieben sein, da das Recht ein Testament zu machen, nicht erst beim Ende, sondern beim Anbrechen des Geburtstages erworben wurde. Propone sagt L. 5. D., qui test fac. possunt (28. 1) aliquem kalendis Januariis natum, testamentum ipso natali suo fecisse quarto decimo anno, an valeat testamentum? dico valere. Plus arbitror: etiam si pridie kalendarum fecerit post sextam horam noctis valere testamentum; jam enim complesse videtur annum quartum decimum.

§ 124. *Scriptis* heredibus in partem adcrescunt si sui heredes *instituti* sint. So die früheren Ausgaben. Aber scripti et instituti ist Tautologie. Besser bei Studem.: Scriptis heredibus adcrescunt si sui heredes sint.

Pro *quarta parte fit heres* — habitura esset. Huschke: pro quarta fit heres proque ea praetor etiam tuetur eam secundum jus civile ex quo et ab intestato tantum partem habitura esset. Bei Studem. einfach: pro quarte parte fit heres et ea ratione id consequitur quod ab intestato patre m x R x x (mortuo) habitura esset.

§ 125. Dimidiam partem *scriptis heredibus detrahunt.* Bei Studem.: dimidiam partem $\overset{o}{m}$ (= modo) heredibus detrahunt. Ibid. Qua ratione extranei heredes a tota hereditate repelluntur ——— bonorum possessio etiam masculus interesset Göschen. Böcking und Huschke: qua ratione extranei heredes a tota hereditate repelluntur et efficeretur sane per hanc bonorum possessionem, ut nihil inter feminas et masculos interesset. Bei Studem.: qua ratione extranei heredes a tota hereditate repelluntur et effici $\overset{ere}{\text{untur}}$ *sine re heredes* et hoc jure uteb. xxxxx 1 *N* (hoc jure utebamur ut nihil) inter feminas et masculos interesset. Der Ausdruck *sine re heredes* kömmt, ausser an dieser Stelle, nur noch einmal bei Gajus vor [1]), doch ist er weder verkehrt, noch ohne Analogie.

§ 126. *quod in emancipatis feminis similiter obtinet.*

---

1) II. 36, wo Huschke ohne Grund die Lesart anzwijfelt.

Bei Studem. quod in emancipatorum q q. (quoque) persóna observandum esset.

§ 127. Sed si quidem filius a patre exheredetur — nominatim potest exheredari. Göschen. Lachm. exheredari *apte* potest, aliter vero non potest. Huschke: sed si quidem filius a patre exheredetur nominatim exheredari debet quomodo etiam ante heredis institutionem potest exheredari. Bei Stud. sed si quidem filius a patre exheredetur nominatim ex x dari xxx et. (exheredari debet) alioquin non posset exheredari.

§ 128. Masculorum ceterorum personae vel feminini sexus liberi aut nominatim exheredandi sunt aut inter ceteros, velut hoc modo: ceteri exheredes sunto: quae verba post institutionem heredum adici solent sed haec ita sunt i c (jure civ). So Göschen. Huschke: deinceps vero liberorum personae vel feminini sexus non tantum nominatim, sed etiam inter ceteros exheredari possunt, id est hoc modo cet. Bei Studem. cetere vero liberorum persone *v* (vel) feminini sexus vel masculini saT[s] is inter ceteros exheredant' ide his xxx. B (his verbis) xx omnee[s] exheredes sunto xxxxx R. B. (quae verba) ——— stitutionem h dum (post institutionem heredum) adjici solent sed hoc it — (sed hoc ita jure civili).

§ 134. Idque lege Junia Velleia provisum est. — virilis sexus nominatim, feminini vel nominatim vel inter ceteros exheredentur. Huschke: idque lege Junia Velleia provisum est, qua simul cavetur ut illi quasi postumi virilis sexus nominatim vel inter ceteros exheredentur. Bei Studem. idque lege Jun. v̄ le[p r]a provisum est, in qua simul exheredationis modus notatur, ut virilis sexus nominatim, feminini vel nominatim vel inter ceteros exheredentur. Es sind fast dieselben Worte, die in § 2. I. de exh. lib. (2. 13) und bei Theophilus vorkommen, und darum vermuthe ich, dass Gajus eigentlich nicht in qua *simul* geschrieben hat, sondern in qua *similis* exheredationis modus notatur, ut cet. *ὅστις νόμος κατὰ μίμησιν τῶν ποστούμων ἐξερεδάτους αὐτοὺς εἶπε γένεσθαι.*

§ 135. Sed praetor omnes tam feminini, quam masculini sexus, si heredes non instituantur exheredari jubet, virilis sexus nominatim, feminini vero inter ceteros. Richtig ist die Anmerkung Göschens, dass diese Wörter die Lücke bei Gajus nicht ausfüllen. Huschke weiss immer Rath und liest: exheredari jubet virilis sexus *etiam inferioris gradus* nominatim, cet. Bei Studem.: virilis sexus nominatim feminini *vel* nominatim *vel* inter ceteros. S. Theoph. ad § 3. de Exhered. lib.

§ 135 a. Göschen in ——— in de nati sint x in accipienda xx pater — in potestate habere x si petit impetravit x qui xx patris — differunt. Böcking: In potestate patr x ——— inde nati sunt, nec in accipienda xx pater xx apud eos in potestate habere, aut si petitur non impetrabit x ——— qui patr ——— dicentur nihil differunt — Huschke: At in potestate patre constituto, qui inde nati sunt, nec in accipienda bonorum possessione patri concurrunt, qui possit eos in potestate habere, aut si petitur, non impetrabitur: namque per ipsum patrem suum prohibentur, nec differunt emancipati et sui. Gewagtere Conjectur kann man kaum denken. Ausserdem dass die ange-

führten Worte gar nicht zu den von Bluhme gelesenen Buchstaben passen, würde es doch auch sehr sonderbar sein, wenn Gajus eine so verwickelte Frage, als die welche in L. I. § 6. D. de conjung. cum emancip. liberis (37. 8) vorkömmt, hier so beiläufig abhandeln sollte, während die Compilatoren der Institutionen derselben mit keiner Sylbe erwähnen. Was Huschke sagt, weil die ganze Lehre nicht für Anfänger behandelt werden konnte, wollten sie auch diesen einzelnen Satz nicht aufnehmen, ist nicht sehr in Uebereinstimmung mit dem Begriffe der Institutionen, welche die prima elementa totius legitimae scientiae sind. — Doch war es auch vor Studemund's Ausgabe nicht all zu schwer den Inhalt dieser Stelle einigermassen zu errathen, wenn man nur, anstatt sich in allerlei wunderbare Combinationen zu verlieren, daran gedacht hätte, dass Gajus bei der Behandlung des Erbrechts der liberi emancipati auch sprechen musste von dem Erbrechte der echten Kinder, die, obschon nicht emancipirt, sich doch nicht in der väterlichen Gewalt befinden, nämlich diejenigen, die zugleich mit dem Vater die Civität bekommen haben und die der Kaiser nicht zugleich der Gewalt des Vaters unterworfen hat; ein Fall den Gajus bei dem Erbrecht des emancipati ab intestato behandelt und deshalb bei dem ex testamento nicht unerwähnt lassen konnte. S. III. § 20 im Vergleiche mit I. § 93. 94 und mit der Coll. Mos. et Rom. leg. 16. 7. 1. Und was steht nun bei Studem.? In pot patr. N. S. q. c' e o C. B. donati sint N' in accipienda
u m
i c c — c
c. r. pator (pcTFFATI) aputcos in pot. habercasi

o 'e
peTiTN impetraviTN. quip (eT) um patris ab imp. redi-
d
guntur MV differunt aT his ui IIT.

Ich lese diese Stelle: In potestate patris non sunt, qui cum eo civitate Romana donati sint, nec in accipienda civitate Romana ab imperatore petiit eos in potestate habere aut si petiit non impetravit [1]), nam qui in potestatem patris ab imperatore rediguntur, nihil differunt ab his qui sui sunt. Ist es nun deutlich, weshalb Justinians Institutionen dieses antiquirten Satzes nicht erwähnen?

§ 136. *quam diu tenentur in adoptionem.* So die früheren Ausgaben. Bei Studem.: quamdiu manent in adoptionem.

§ 139. *filiae loco esse incipit et quasi sua est.* So lesen einige, andere sua *fit.* Bei Studem. *et* quasi sua I (fit).

§ 145. *velut cum is qui fecit testamentum, cap. diminutus fuerit.* So die meisten. Bei Studem.: veluti s. (si) qui fec. tesT. k d a (capite deminuta) (us)sit.

§ 147. nam si ideo irritum fit testam. *quod postea* civitatem vel etiam lib. testator amisit. Bei Studem. *puta.* Dies Wort findet man auch bei Gajus für *exempli gratia* [2]), und verdient selbst den Vorzug, da das *postea* sich grammatisch auf das unmittelbar vorhergehende: *si*

---

1) Gajus I. 93. Si peregrinus cum liberis civitate Romana donatus fuerit, non aliter filii in potestate ejus fiunt, quam si imperator eos in potestatem redegerit: quod ita demum, is facit, si causa cognita aestimaverit hoc filiis expedire: diligentius atque exactius — causam cognoscet de impuberibus absentibusque.

2) III. § 214.

ideo irritum fit testamentum, beziehen muss, und dann ist die Stelle nicht deutlich; die Institutionen haben auch das *postea* nicht.

§ 149. ipsi retinere hereditatem possunt. Die von Böcking gebilligte Lesart Huschke's: ipsi retinere hereditatem possunt si possident, aut interdictum adversus eos habent qui possident, widerlegt Studemund.

§ 151. Die Buchstaben sind hier sehr undeutlich; Studemund sagt von ihnen: plura leget cui fortioribus medicamentis uti licebit, ego incertiores umbràs describere nolui. Doch kann man genug davon lesen, um gemäss der römischen Regel: nihil tam naturale est, quam vinculum dissolvi eo modo quo colligatum est, die Bestätigung des Satzes zu finden, dass der Widerruf eines Testaments blos durch Vernichtung der Urkunde, zwar nach praetorischem Rechte aber nicht nach jus civile Wirkung hatte, ein Satz, der mit Benutzung der erhaltenen Worte des Gajus auf unwiderlegbare Weise durch Krüger (krit. Versuche im Gebiet des Röm. Rechts. pag. 1—41) dargelegt ist. So auch Köppen, Jahrb. für Dogm. Th. XI, p. 226, not 192 D. Deutlich lesbar ist ut si linum ejus inci (de) rit nihilominus I C (jure civili) valeat qui N. ē xxxxxx. Nach Krüger müsste folgen: quin etiam si deleverit quoque aut obleverit tabulas testamenti nihilominus non (bei Studem. N—ideo minus) desinent valere quae fuerant scripta licet eorum probatio difficilis sit.

§ 155. Et quamvis *propter contr actione bona venierint.* So bei Studem. Hier ist aber wie auch am Ende des §, ohne Zweifel mit Lachmann und Huschke zu lesen *pro portione* bona venierint, ein Kunstausdruck [1]), der sich auch im Edict des Praetor findet. S. Rudorff, über die Lexicalen Excerpte aus den Institutionen des Gajus, p. 354 en 358.

Ibid. *velut si Latinus acquisierit locupletior factus sit.* Savigny, Göschen: velut si (ex eo quod) Latinus acquisierit locupletior factus sit. Böcking: velut si Latinus acquisierit (aut) locupletior factus sit. Huschke: velut si Latini bonis qui decesserit, locupletior factus sit. Bei ersteren Lesarten bleibt es wahr was v. Assen a. a. S. 99 sagt: arguenda est obscurior scribendi ratio Gaji: nam non est sermo de Latino bona acquirente, sed de bonis hisce acquisitis peculii nomine ex morte Latini locupletantibus hereditatem manumissoris. Die Lesart von Huschke aber, gegen welche nicht dasselbe Bedenken getragen wird, stimmt gar nicht zu den sehr lesbaren Buchstaben der Handschrift. Wie konnte man es aber übersehen, dass hier der ganze Fehler an einem Buchstaben liegt, und dass man lesen muss: veluti si (nicht si Latin*us*) *Latinum* acquisierit *et* (dies ist durch das vorhergehende *it* weggefallen) locupletior factus sit. *Latinum acquirere* bedeutet nichts anders als liberti mortui bona *acquirere*, oder, wie Gajus erzählt (B. 2. 195): nam cum *legatus fuisset Latinus* per vindicationem coloniae, deliberent inquit Decuriones, an ad *se velint pertinere.* Mithin wird hier von dem Falle gehandelt, dass der freigelassene und zum Erben ernannte Sclave,

---

1) B E E P· P·V Q P P I (Bona ex edicto) possideri proscribi venireque pro portione jubebo. Huschke, Gajus. p. 46.

nach dem Tode seines patronus, Erbe würde eines von diesem freigelassenen Sclaven, der aus irgend einem Grunde bei seiner Freilassung kein Civis Romanus geworden ist. Der Ausdruck *acquirere Latinum* ist auch darum so glücklich gewählt, weil wegen des ingenuus vivit, moritur servus, der Latinus wirklich erst bei seinem Tode Gegenstand des Erwerbs für seinen manumissor wird. Es liegt in der Natur der Sache, dass der Sclave als heres necessarius aus der Erbschaft des Latinus bereichert wurde.

§ 160. *cum necessarius, non etiam suus heres sit* tamquam servus. So Göschen. Böcking und Huschke: quamvis *necessarius*, non etiam cet. Bei Studem.: *cum necessarius*, was jedenfalls richtig ist. Gajus will sagen, die ausdrückliche Ertheilung der abstinendi potestas an den mancipatus war (etiam) darum nöthig, weil er nicht zu den sui gehörte, welchen diese Befugniss vom Praetor schon verliehen war.

§ 173. S' quia TM —, dura ē haec cretio, *altera minus* habet' unde etiam vulgaris dicta est. Göschen: sed quia tamen dura est haec cretio, altera magis in usu habetur. Böcking: sed quia (tamen) dura est haec cretio, altera in usu habetur. Huschke: sed quia dura est haec cretio altera magis in usu habetur. Die Lesart Göschens ist wohl die wahre. Bei Studemund steht *alteraminus*. Nimmt man an dass das m die Sigle für *magis* ist, dann haben wir *altera magis in us usu*.

§ 177. *Sane in universo summoretur.* Bei Studem.: tum sane.

§ 178. *Sed dudum quidem placuit — olim vero*

placuit. So alle Ausgaben. Bij Studem.: Sed Sabino quidem placuit — alis (aliis) vero placuit cet.

§ 181. ne post obitum parentis periculo insidiarum subjectus *videatur* pupillus. So die Ausgaben. Bei Stud.: *Subjectus videret.* Man lese subjectus *maneret* [1]), das vollständig zu kennen gibt, worin wie G. später sagt, die Gefahr besteht, nämlich dass die Nacherbeernennung dem substitutus gleich bekannt ist und bleibt bis zur Mündigkeit der ernannten Erben, der also hierdurch *fortwährender* Lebensgefahr (subjectus manet) ausgesetzt bleibt. Das *videatur* oder *videretur* finde ich deshalb nicht so gut, weil die hier erwähnte Furcht, in der römischen Welt gar nicht zu den Hirngespinsten gehörte, sondern durch das, was oft vorfiel, begründet war, wie hinlänglich aus der bekannten Geschichte bei Suetonius (vita Galb. c. 9) und anderen zu ersehen [2]). In den Institutionen steht 2. 16.: ne filius post obitum ejus periculo insidiarum subjiceretur.

§ 187. non potest jussu domini cernere hereditatem. Bei Studem.: jussu domini *novi.*

§ 188. *Si quidemin eadem causa manserit.* Bei Stud.: Si quidem in ea causa *duraverit.*

Ibid. quod alienatus sit jussu novi domini cernere here-

---

1) Das Abbreviationszeichen hinter *ret* hindert nichts, es findet sich sehr oft im C. an ungehöriger Stelle, z. B. I. 56. II. 31. II. 72. 77. II. 128.

2) Wie gross bei den Römern die Angst vor dem substitutus war, zeigt unter andern, L. I. § I. D. ubi pupillus educ. (27. 2): cum quidam testamento suo cavisset, ut filius apud substitutum educaretur, Imperator Severus rescripsit, Praetorem aestimare debere, praesentibus ceteris propinquis liberorum: id enim agere Praetorem oportet, ut sine ulla maligna suspicione alatur partus et educetur.

ditatem debet. Böcking und Huschke. Bei Studem. *adire* $\overline{\text{H}}$ tem.

§ 189. *antequam adeat, debet jussu novi domini cernere.* Bei Studem.: antequam cernat, debet jussu novi domini cernere.

Ibid. Si manumissus est antequam *adeat.* Huschke: si manumissus est antequam cernat. Bei Studem.: Si vero manumissus est, suo arbitrio adire hereditatem potest. Die Compilatoren der Institutionen haben also keinesweges Gajus immer genau gefolgt.

§ 193. *Sed et si alterutrum verbum.* So Böcking. Bei Studem. die Lesart schwankt zwischen alterum und alterutrum.

Ibid sed si + — *verbum positum sit, velut — per vindicationem legatum est.* Böcking und Huschke: velut hominem Stichum do, per vindicationem legatum est. Bei Studem.: Sed si alteru $\overset{??}{\text{xx}}$ verbum positum sit, veluti *do* aut lego *aeque* per vind. legatum est.

Sive ita legatum fuerit sumito. Böcking und Huschke: si vero etiam aliis verbis velut ita legatum fuerit sumito. Bei Studemund *item* ut magis IIII Us $\overset{u}{\text{e}}$ xxxx (uisum est) si ita legatum fuerit: Sumito. cet.

§ 195. In eo *vero* dissentiunt prudentes nam. So die frühere Ausgaben. Bei Studem.: In eo solo dissentiunt prudentes q (quod) Ibid. etiamsi ignoret sibi legatum esse *dimissum.* Letzteres Wort hält Huschke (Praef. ad Jurisp. Antejustinianeam p. 163) für ein Glossem, und schliesst hieraus nicht ohne Grund, dass unser Codex nicht lange vor Justinians Zeit geschrieben sein kann, da das *legatum dimittere* für *relinquere*, welcher Ausdruck erst im Breviarium Alaricianum öfter vorkömmt, vor dem Ende des fünften Jahrhunderts nicht so gebräuchlich sein konnte, um es als Glossem zu verwenden.

§ 204. usucapione *demum* pleno jure fit legatarii, Göschen und Huschke. Böcking: usucapione dumtaxat. Bei Studem.: usucapione M, vielleicht ist *modo* zu lesen.

Ibid. finitur autem usucapio ut supra quoque diximus. Göchen: finiri autem usucapionem jam supra diximus. Bei Studem.: completur autem usucapio sicut alio (qq = quoque) loco diximus.

§ 205. *Est et* ——— *si eadem res.* Huschke: Est *et illud dissimile per vindicationem legati.* Bei Studem.: Est et illa differentia hujus per vindicationem legati; muss sein hujus *et* per vind. leg.

Ibid. *plane singulis partes debentur.* Bei Studem. folgt sicut in illo uindica II legat xxxxxxxxx. Huschke hat: sicut in per vindicationem legato. Nach den Worten: singulis solida debentur. folgt bei Stud. *ita fit*, ut scilicet heres. Man lese: *quod ita fit, ut scilicet* cet. Gajus musste erklären, wie jedem solida res geleistet werden kann. Im Epit. Gaji, II. 5. 5. Singulis integra debentur, *id est* ut unus rem accipiat alii cet.

§ 210. Minus autem quam per damnationem. Bei Stud.: minus autem quam pdamna cont — N. e m d. h. minus autem quam per damnationem continet.

§ 215. Si eandem rem duobus pluribuve disjunctim legasti. Huschke: *quod si eadem res — legata sit.* Lachmann meinte dass im C. *elegasti* zu lesen ist, und mithin dieses Wort für den juristischen Sprachgebrauch in Besitz zu nehmen sei.

Indessen liest man bei Studem. deutlich: si eandem rem duobus pluribusve dis — junctim *legasti*.

Ibid. *Sicut per vindicationem*. So auch bei Studem. Dass per*damnationem* stehen muss, ist schon längst angemerkt.

§ 218. *Sed Juliano et Sexto placuit*. Bei Studem.: Juliano e $\overset{\text{T}}{\text{x}}$ Sexto placuit.

Da, wie Studemund berichtet, das T über dem x von dem ursprünglichen Abschreiber und nicht von dem Corrector herrührt, so scheint diese Lesart auch die ursprüngliche gewesen zu sein.

§ 235. et denique ex ipsa definitione multas similes species — fingere possumus Böcking: multas similes species proprias fingere possumus. Huschke: multas similes species vel causas fingere possumus. Bei Studem.; multas similes species (c $\overset{\text{q}}{\text{i}}$ ı) cum s $\overset{\dagger}{\text{p}}$ $\overset{\dagger}{\text{i}}$ $\overset{\text{ꝶ}}{\text{c}}$ cre possumus, dies ist vielleicht *multas similes species facile conficere possumus* zu lesen.

§ 237. ideoque nec datur poenae nomine tutor (et si) datus fuerit, magis sub conditione quam poenae nomine datus videbitur. So Göschen. Huschke: ideoque nec datur poenae nomine tutor, si vero ita tutor datus fuerit cet. Bei Studem.: *ideo quae datur poenae*. $\bar{\text{N}}$ x x x x N. c. Ich meine dass man ideoque N(nihil) datur poenae nomine, et si ita tutor datus fuerit cet lesen muss.

§ 241. item qui in utero est ejus quae jure nostro non potest esse uxor. So nach Hollweg und Göschen

Huschke: item qui in utero est ejus, quae connubio non interveniente ducta est uxor. Bei Studem.: in utero est ejus *que* (*quae*) *in iure civili non intelligitur* uxor.

§ 246. *Hinc* transeamus ad fidei comm. So bei Stud. Die meisten Ausgaben *nunc*.

§ 249. Verba autem utilia fideic. haec recte maxlme in usu ee̅ videntur. Mit nichten finden Huschke und andre im Worte *recte* [1]) Schwierigkeiten. Es bedeutet, wie gewöhnlich bei Gajus, dass die genannten vom Erblasser gebrauchten, und grösstentheils gebräuchlichen Wörter, auch nach dem strengen Civilrechte gültig waren, m. a. W. dass auch für die freiere Fideicommissverfügungen formelle Ausdrücke unentbehrlich waren, und andere, die obschon sie scheinbar eben gut den Willen des Erblassers erklären, dennoch keine Wirkung hatten, Paulus, 4. 1. 6 [2]). L. 115. D. de leg. I. Theophil. ad § 3. I. de Sing. reb. p. f. relict. (II. 25). Sunt autem verba quoque ad fideicommissi quidem dationem apta, μάλιστα δὲ ταῦτα ἐν πολιτείᾳ καὶ ἐν χρήσει.

§ 254. *Pegaso et Pusione consulibus* — senatus censuit. Bei Studem. p̄ (postea) Pegaso et Pusione sen. censuit. So auch in den Inst. Postea senatus censuit.

---

1) Bekanntlich bezeichnet dies technische Wort *das*, was nach dem strengen Civilrecht gültig ist. Fragm. legis Serv. Cap. 12: Quod *recte* factum est valet, dum ne quid adversus hanc legem fiat Lex. Gall. Cisalp. II. 13. In judiciis datis, judicareve *recte* jussis.

2) Eideicommittere his verbis possumus: Rogo, peto, volo, mando, deprecor, Cupio injungo. Desidero quoque et impero verba, utile faciunt fidei commissum. Relinquo vero et commendo nullam fidei commissi pariunt actionem.

§ 265. Sane extinguitur libertas quia pro libertate pretii computatio nulla intervenit. So Göschens und andere Ausgaben. Bei Studem. extinguitur fc lib tas quia hoc xxxx p tii computatio nulla intervenit. Sehr zu billigen scheint die Vermuthung Studem.: quia *hoc casu* pro libertate pretii computatio nulla intervenit. *Hoc casu* ist gebraucht im Gegensatze zu einigen andern vermachten res alienae, von welchen in den vorigen §§ die Rede war.

DRITTES BUCH.

§ 17. Supervacuum est hoc quoque loco de eadem RETINCURIUSIUS tractare. Hugo und Huschke lesen: *de eadem re iterum curiosius tractare.* Nach *hoc quoque loco* ist aber *iterum* überflüssig, darum scheint die Lesart: de eadem re *et* curiosius tractare, vorzuziehen zu sein. Was gentiles sind, sagt Gajus, habe ich schon oben erklärt, und ich erachte es für unnöthig, sie hier ausführlicher zu behandeln, da das Institut gar nicht mehr im Gebrauche ist.

§ 40. Olim — licebat liberto patronum suum *in* testamento praeterire: Göschen, Böcking, Huschke. Bei Studem.: olim licebat LIB·TO patronum suumpune testamento praeterire. Aus *pune*, welches *impune* sein muss (*im* ist wegen des vorhergehenden *um* in *suum* weggelassen), hat man verkehrt *in* gemacht. Vergl. pr. I. de succ. (3. 8).

§ 43. In bonis libertinarum nullam injuriam antiquo iure patiebantur patroni. cum enim hae in patronorum legitima tutela essent, non aliter scilicet testamentum facere poterant, quam tutore auctore. itaque sive auctor ad testamentum faciendum factus ———————— si vero auctor —— ˣˣ non erat morte — ˣ ut posset patronum a bonis — repellere. So Göschen. Bei Studem.: Itaque sive auctor ad testamentum faciend.factuse ———————— R ——————

Relic (III)

ctuserat ˣˣˣˣˣ baturhereditassi veroauctor eifa ˣˣˣ snonera

(TNIIIIIUSI) aTalih (ˣ I) moriebaTˣ ad ——————

—————————————— TINeBATNC7quIRIullus

(ˣIˣm) ———————— possit patronum a bonis

l ———————————————— pellere.

Krüger (Krit. Versuche S. 132) liest diese Stelle: Itaque sive auctor ad testamentum faciendum factus erat aut de se queri debebat, quod sibi nihil relictum erat aut ipsum ex testamento, si heres factus erat sequebatur hereditas. Si vero auctor ei factus non erat et intestata liberta moriebatur, quia suos heredes femina habere non potest, ad patronum pertinebat nec cogitari ullus casus poterat, quo quis possit patronum a bonis libertae invitum repellere.

Gegen diese Lesart, welche Huschke grösstentheils billigt, habe ich mehrere Bedenken. Erstens kann die liberta ihrem patronus, wenn sie ihn auch nicht zum Erben einsetzt, doch etwas nachgelassen haben, so dass das *sibi nihil relictum erat* keine nothwendige Folge der Enterbung ist. Dann bezweifle ich die Richtigkeit der Redensart *hereditas aliquem ex testamento sequitur;* bei Gajus wenigstens findet sie sich nicht. Jedenfalls wäre aut ipsi ex testamento, si heres factus erat *deferebatur* hereditas wahrscheinlicher. Endlich ist in den Worten: si auctor ei factus non erat *et* intestata moriebatur, ein Widerspruch. Wenn nämlich der tutor bei der Errichtung des Testaments seine Auctorität nicht eingesetzt hat, so muss doch eins gemacht sein, und wollte Gajus den Erfolg anzeigen, so würde er gesagt haben: si auctor ei factus non erat *cum* oder *et sic* intestata moreretur. Aus diesen Gründen ist wohl zu lesen: si vero auctor ei factus non erat *aut* intestata liberta moriebatur. Dann ist wirklich für alle Fälle gesorgt, in welchen an ein Benachtheiligen des patronus gedacht werden kann. I. Es ist ein Testament gemacht *a.* mit auctoritas, *b.* ohne auctoritas. II. Es ist gar kein Testament errichtet. Man hat hier also dasselbe Dilemma wie bei Ulpian XXIX. 2. und mit Recht kann nun gesagt sein [1]: nec cogitari ullus casus poterat quo quis possit patronum a bonis libertae — repellere.

§ 44. *et eo modo concederet* cet. Krüger a. a. S. 133 ergänzt diese Stelle ganz richtig: „et eo modo concederet eis etiam sine tutoris auctoritate condere testamentum, prospexit ut pro numero liberorum, quos liberta mortis tempore habuerit, virilis pars patrono debeatur eique ex bonis ejus, quae centum milia [2] sestertiorum plurisve reliquerit patrimonium, si testamentum fecerit dimidia pars debeatur. Si vero intestata liberta decessit, tota hereditas ad patronum pertinet. (Siehe Ulpian. 29. 3.)

---

1) Doch scheinen mir diese Worte verdächtig, obschon sie auch dem Sinne noch richtig sein können.

2) Huschke *milium.*

Huschke hat diese Lesart, in der jüngsten Ausgabe seiner Jurisprudentia Antejustinianea in den Text aufgenommen und so seine früheren Conjecturen aufgegeben.

§ 45. Quae autem diximus de patrono, eadem intelligemus et de filio patroni; item *de nepote ejus* et de pronepote ex nepote filio nato prognato. Göschen und Böcking. Bei Studemund: item de ne -te (nepote) x x *filio* pronepo — was auch schon Huschke vorgeschlagen hat.

§ 46. Filia vero patroni item neptis et proneptis — quamvis idem jus habeant, quod lege XII tabularum patrono datum est, praetor tamen vocat tantum masculini sexus patronorum liberos: Göschen, Böcking, Huschke. Gegen diese Lesart habe ich erstens das Bedenken, dass Gajus das als unbezweifelt voraussetzt, was wenigstens ebensosehr eine ausdrückliche Erwähnung verdiente, als dasjenige, was er von dem filius patroni im vorigen § mitgetheilt hat; und dann, dass es grammatisch nicht genau ist, mit filia patroni item neptis anzufangen, um mit Praetor — vocat patronorum liberos zu schliessen. Deshalb, und auch wegen der Stelle Ulpian's 29. 5. möchte ich lesen: Filia vero patroni item neptis cet. *habent quidem* ex lege XII tabularum idem ius quod patrono datum est. *Praetor tamen* vocat tantum masculini sexus patronorum liberos.

Ibid. sed filia, ut contra tabulas testamenti liberti (vel) ab intestato contra filium adoptivum vel uxorem nurumve *dimidiae partis* b. p. petat, trium liberorum iure lege Papia consequitur. So Göschen, Böcking, Huschke. Bei Studem.: Contra filium adoptivum vel uxorem nurumve q (*quae*) in *manufuerit.* Siehe § 40 u. § 41.

§ 47. Sed ut ex bonis libertae *suae* quatuor liberos habentis virilis pars ei deberetur, liberorum quidem iure non est comprehensum, ut quidam putant; sed tamen intestata liberta mortua, verba legis Papiae faciunt, ut ei virilis pars debeatur. si vero testamento facto mortua sit liberta, tale ius ei datur, quale datum est ——————————————————————— liberique contra tabulas testamenti liberti habent. So Göschen und Böcking. Bei Studem.: Sed ut ex bonis liberte *testate* quatuor liberos habentis virilis pars ei debeatur ne liberorum *quidem iure consequitur* [1]) ut quidam putant. Sed tamen intestata libertua mortua ua legis papiae faciunt ut ei virilis pars debeatur. Si vere T m (testamento) facto mortua sit liberta tale ius ei datur quale datum est contra tabulas testamenti liberti id est quale et virilis sexus patronorum liberi contra tabulas testamenti liberti habent. Krüger [2]) möchte hinter die Worte *quale datum est: patrono* einschieben, ebenso unnöthig als unrichtig. Unnöthig, weil der Nachdruck auf *liberti* liegt, die *filia patroni* bekömmt dasselbe Recht auf des Vermögen der *liberta* wie des *libertus*. Unrichtig, da man nicht sagen kann: der liberta wird dasselbe Recht wie dem patronus, d. h. wie den männlichen Kindern des patronus zu Theil.

§ 48. Ex his apparet extraneos heredes patronorum longe *remotum* ab omni eo iure *iri*, quod cet. Göschen, Böcking und Huschke: Ex his apparet, extraneos heredes

---

1) So vermuthete schon Göschen.

2) Versuche S. 127.

patronorum longe remotos esse ab omni eo iure hereditario. Bei Studem.: Ex his apparet e — traneos heredes patronorum longe remotus — e (esse) ab omni eo iure.

§ 49. Nec enim ut c. t. testamenti, in quo *praeteritae erant* — bonorum possessionem partis dimidiae peterent, praetor similiter ——— Göschen und Böcking. Huschke ergänzt: eis ac patrono liberisque ejus concessit. Bei Studem.: nec enim ut contra tabulas te—mti *ingrati liberti* — b. p. partis dimidiae peterent, praetor similiter *ut de patrono liberisque ejus curabat.*

§ 50. Sed postea lex Papia. Bei Studem. findet sich *postea* nicht.

§ 53. Eadem lex patronae *filiae* liberis honoratae patroni iura dedit; sed in hujus persona etiam unius filii filiaeve ius sufficit. So Göschen. Böcking: Eadem lex patronae filiae liberis honoratae patroni iura dedit ××.

Schon längst befremdete es [1]), dass Gajus von der Tochter und nicht von dem Sohne der patrona geredet haben soll, da die lex Papia diesen nicht übersehen konnte, da, was die Erbfolge in das Vermögen des Freigelassenen betrifft, die Männer den Frauen vorgezogen werden. Ausserdem wäre es unbegreiflich, wie die Tochter der patrona, welche nach dem ius civile gar keinen Anspruch auf die Erbschaft des libertus hat, dasselbe Recht wie der patronus bekommen haben soll, mithin mehr als ihre Mutter, so dass bei ihr die Geburt eines Kindes genügte. Es ist also nicht zu verwundern, dass man hier zu allerlei Ver-

1) Huschke, Studien I. S. 48, und die dort citirten Schriftsteller.

muthungen seine Zuflucht nehmen musste. Studemund hilft uns aus der Schwierigkeit; bei ihm heisst es: Eadem lex patronae *filio* liberis honorato. Doch nun bleibt noch ein Bedenken; es heisst nämlich, dass der *filius patroni* ebensoviele Rechte erlange, wie der patronus, ausser dass bei jenem *genüge*, dass er ein Kind habe. Hieraus könnte man schliessen, dass der *patronus* mehrere Kinder haben müsse, um erben zu können, was doch gewiss nicht so ist. Darum möchte ich noch einen Schritt weiter gehen, und statt *patroni iura*, lesen *patronae* iura [1]), dann hat der filius patronae dieselben Rechte wie seine Mutter (die in § 50 u. 51 angegeben), mit dem Unterschiede, dass um erben zu können, er nur ein Kind, sie wenigstens zwei haben musste.

Das *cre* vor *patroni* oder *patronae* iura dedit liest Krüger *fere*, Huschke *prope.* Letztere Lesart entfernt sich zu sehr von den lesbaren Buchstaben, und *fere* patroni jura statt jura *fere* patroni kömmt mir nicht wahrscheinlich vor. Kann in *cre*, wenn man ein weggelassenes siglum hinzudenkt, nicht *cetera* verborgen sein? man bekommt dann diesen Sinn [2]): alle übrigen so verschiedenen Rechte und Erfordernisse, von denen früher die Rede war, hat der filius patronae mit ihr gemeinschaftlich, mit der

1) Krüger a. a. S. 127. Die filia patronae bleibt also ganz aus dem Spiele. Wenn sie überhaupt ein Erbrecht bekam, so liess es Gajus als zu sehr ins Einzelne gehend weg.

2) Ich muss aber erinnern, dass Studem. bemerkt, penultimae et ultimae literarum lectio fere certa est; in fine A nullo modo extitit.

einzigen Ausnahme, dass bei ihr zwei oder mehr Kinder gefordert werden.

§ 56. *Quare legis Juniae lator.* Göschen. Böcking: nam primum *legis Juniae lator.* Huschke: quare legis Juniae Juniae lator. Bei Studem.: *legis itaquae Juniae lator*, ganz richtig. Gajus macht erst eine vorbereitende Anmerkung (quae pars iuris ut manifestior fiat, admonendi sumus) um nachher zu seiner eigentlichen Aufgabe, dem Erbrechte, zurückzukehren. Das *iunie* vor *Juniae*, welches Bluhme gefunden und Huschke in Schutz genommen hat, ist wahrscheinlich mit *itaque* verwechselt.

Ibid. *Ob id quod neque ut servi decederent:* Göschen und Andere. Bei Studem.: *quia* xxx neque ut servi decederent. Er hält es nicht für unwahrscheinlich, dass die Lücke mit *scil.* auszufüllen sei.

Ibid. Cavere ut *bona defunctorum.* Göschen. Böcking: ut *res Latinorum defunctorum.* Huschke: ut *bona horum libertorum.* Bei Studem.: *ut bona eorum.*

Ibid. Itaque jure quodam modo peculii bona Latinorum *ad manumissores eorum pertinent*, Göschen. Böcking vermuthet: bona Latinorum ad manumissores *coeperunt pertinere.* Huschke: *ad manumissores ex jure Quiritium pertinent.* Bei Studem.: ad manumissores *ex lege pertinent;* diess ist gewiss richtig; die lex Junia ist gemeint, welche ein peculium zum Vortheile des patronus fingirte.

§ 57. . . . . . . xx differant ea jura quae in bonis Latinorum cet. Göschen und Böcking. Huschke: *Unde apparet, quantum differant.* Bei Studem.: *unde accidit, ut longe differant.*

§ 66. Item filia ceterique quos exheredes licet iure civili facere inter ceteros, quamvis id sufficiat, ut ab omni hereditate patris sui summoveantur, tamen in bonis Latinorum, nisi nominatim a parente fuerint exheredati, potiores erunt extraneis heredibus. Göschen, Böcking, Huschke. Bei Studem.: Item filia *ceterique sui heredes licet jure civili inter ceteros exheredati sint et ab omni hte (hereditate) patris sui summobeant'* tamen cet. Man sieht gleich, dass der Stil fliessender, dass das *ceterique sui heredes* besser klingt als das *exheredes licet* facere, und dass man Gajus nicht mehr ungenau sagen lässt: „die Erben, welche inter ceteros zu enterben erlaubt ist, obschon dies *erlaubt sein* genügt, sie von der Erbschaft auszuschliessen". Nun aber ist der Sinn klar und deutlich, obschon alle Formen des Civilrechts befolgt sind, da die Tochter, und die übrigen sui, wie es geschehen darf, inter ceteros enterbt und so von dem väterlichen Nachlasse ausgeschlossen waren, so bleibt es dennoch wahr, dass sie nicht *nominatim* enterbt sind, und gilt die Regel: potiores sunt extraneis heredibus.

§ 67. Item ad liberos, qui ab hereditate parentis se abstinuerunt ———————————————— ab hereditate x exheredati nullo modo dici possunt, non magis quam qui testamento silentio praeteriti sunt. Göschen und beinahe so Böcking. Huschke: Item ad liberos, qui ab hereditate parentis se abstinuerunt, bona Latinorum pertinent, quamvis alieni habeantur a paterna hereditate, quia exheredati cet. Bei Studem.: item ad liberos qui ab hereditate parentis se abstinuerunt (N. olum ———)

ONalatinorumpTINeNT (ahTaTeq) exheredati nullo modo dici possunt. Ich vermuthe, dass item ad liberos qui ab hereditate parentis se abstinuerunt *nihilominus* bona Latinorum pertinent, *nominatim quippe* exheredati nullo modo dici possunt zu lesen ist. Der Jurist beabsichtigte zu zeigen, dass das *nominatim exheredari* streng und buchstäblich aufgefasst und angewendet werden muss, so dass es nicht genügt, wenn die Kinder auf eine andre Weise, als durch Enterbung mit *individueller Bezeichnung* von der Erbschaft ausgeschlossen sind. Diese Anweisung geschieht nun in § 65 durch das Beispiel vom emancipatus praeteritus, in § 66 durch das von der filia ceterique inter ceteros exheredati, und endlich hier dadurch, dass auf die hingewiesen wird, die sich der Erbschaft entzogen haben, und von denen gewiss nicht (nullo modo) jedenfalls noch weniger als von den vorher genannten gesagt werden kann, dass sie nominatim enterbt seien. So gelangen auch die letzten Worte „non magis quam qui silentio praeteriti sunt" zu ihrem Rechte. Wenn es auch nicht ganz richtig sein sollte, dass man von dem mit Stillschweigen Uebergangenen sagt, er wäre nicht enterbt, da ja nach dem alten Rechte der emancipatus praeteritus für enterbt gehalten wird, und nach dem neuen das silentium matris valet pro exheredatione, so kann man doch nie von dem silentio praeteritus sagen, er sei *nominatim* exheredatus.

§ 79. Si quidem vivo bona veneant juvet ea $\overline{pr}$ (praetor) per dies continuos $\overline{xxx}$ possederit (possideri et) proscribi, si vero mortui post dies $\overline{xv}$ p' (post) ea jubent (jubet) convenire creditores et ex eo numero magistrum creari id est eum p quem bona veneant: itaque si B(V) ivi bona veneant in diebus $\overline{\text{u}}$ [1]) fieri iubet. Si mortuiindimidiodiebus [2]) ita xx vivibona $\overline{\text{xxx}}$ mortuiBero $\overline{\text{xx}}$ emtori addici iubet. So bei Studemund. Nach dieser Lesart haben wir hier vier verschiedene Rechtshandlungen und Fristen vor uns. Zuerst findet eine missio in possessionem durch den Praetor statt. [3]) Dann folgt ein Besitz von dreissig oder fünfzehn Tagen (je nachdem es das Vermögen eines Lebenden oder Gestorbenen betrifft), hieran schliesst sich eine öffentliche Bekanntmachung — proscriptio — der missio in bona. Nach Ablauf dieser Frist kommen die Gläubiger zusammen um aus ihrer Mitte einen Vertreter, den *magister*, zu wählen, dem der Verkauf der Güter des Cridars aufgetragen wird, dann findet innerhalb 10 oder 5 Tagen wieder eine Zusammenkunft statt, in welcher die Verkaufsbedingungen aufgestellt und veröffentlicht wurden, mit Verkündung eines Minimums [4]), unter welchem kein Gebot zulässig sein sollte. Nach dreissig oder zwanzig Tagen fand der Verkauf und die bonorum addictio statt.

---

1) Ganz richtig liest hier Huschke in diebus X.

2) Huschke: in diebus V, ganz richtig vermuthend dass *dimidio* nur ein glossema ist.

3) Nach Theophilus III, 12 mit diesen Worten: Ille debitor noster in causam venumdationis incidit: nos creditores patrimonium hujus distrahimus: Emtor qui velet adesto.

4) Theoph. *τρίτη προσέλευσις, ἐν ᾗ ἐπετρέποντο ποιήσασθαι* legem bonorum venundorum *τουτέστιν ὅρον τῶν διαπιπρασκομένων*.

Gegen diese Darstellung, die fast mit der Beschreibung des Theophilus übereinstimmt, hat Krüger [1]) Widerspruch erhoben, vorzüglich weil nicht zu ersehen wäre, wodurch ein dritter Zusammentritt der Gläubiger zur Aufstellung der Verkaufsbedingungen veranlasst würde, da diese gleich in demselben Termine mit der Wahl des magister abgemacht werden konnten, über die Lage der Massa müssten ja die Gläubiger unterrichtet sein, dazu sollten ihnen die dreissig oder fünfzehn Tage der possessio dienen.

Gemäss der Annahme, dass der venditio bonorum nur zwei Fristen, zusammen von vierzig oder zwanzig Tagen voraufgingen, schlägt er vor, nach „bona veneant" zu lesen: itaque si vivi bona veneant in diebus x bonorum venditionem fieri jubet, si mortui in dimidio. Diebus itaque vivi bona xxxx, mortui vero xx emtori addici jubet. Da aber diese Lesart auf eine willkürliche aprioristische Construction gebaut ist, ist sie, abgesehen von anderen Bedenken, [2]) schon aus diesem Grunde zu verwerfen. Ich stelle mir die Sache einfach so vor, dass erst eine missio in bona Statt findet, die den Gläubigern Gelegenheit verschafft, sowohl für die Erhaltung des Vermögens zu sorgen (custodia), als auch den Betrag der Activa und Passiva kennen zu lernen. Nach Verlauf von 30 oder 15 Tagen folgt ein Zusammentritt der Gläubiger, um einen magister zu ernennen, der sie beim Verkaufe vertreten soll. Zugleich geschieht eine öffentliche Bekanntmachung mit der Aufforderung Dritter, um wo möglich nun schon

1) Krit. Vers. S. 136 u. ff.

2) Huschke: Jurisprud. Antejustinian. ad h. l.

mit dem magister vorläufige Unterhandlungen anzuknüpfen. (Emtor qui volet adesto). Erst nachdem die Sache genügende Publicität erlangt, und sich Kauflustige gemeldet haben, ist man einigermassen in Stand gesetzt, den wirklichen Betrag zu kennen, und nun war erst, wenigstens nach 10 oder 5 Tagen, die Zeit gekommen, um mit der Aussicht auf ein günstiges Resultat, die Verkaufsbedingungen und einen Minimalpreis zu stellen. Wurde dieses Minimum nicht geboten, so zwang nichts die Gläubiger das höchste Gebot anzunehmen, sie konnten auf bessere Zeiten und bessere Bieter warten. Bemerkenswerth ist es, wie man hier den armen Theophilus, dem man für diese wichtige Mittheilung aus dem Alterthume nicht dankbar genug sein kann, ohne genügenden Grund gewaltig mitgenommen hat. So wirft ihm u. a. Krüger vor, er habe gesagt, dass der Erste, der den aufgestellten Satz acceptirt, auch definitiv als bonorum emtor angenommen werden musste, so dass jedes eigentliche Bieten ausgeschlossen gewesen wäre; — was ich in den Worten des Theophilus nicht finden kann; der sagt blos dass in die lex bonorum vendundorum ein minimum aufgenommen wurde, hieraus folgt aber nicht, dass wer dieses bot, gleich Eigenthümer geworden wäre. Krüger liess sich wahrscheinlich durch folgende Worte des Theophilus: „Et postquam hic certum tempus prae- „terierat, tunc patrimonium emtori addicebatur," irreführen, er versteht unter emtor den ersten Bieter unter der Hand, anstatt den, der bei der Versteigerung das meiste geboten hat.

Nicht gediegener ist der so hoch aufgeschraubte Einwurf

Keller's [1]), dass die Feststellung eines Minimalpreises eine Ungereimtheit gewesen wäre „quia venditio necessaria erat „ac quocunque modo peragunda", als ob die Gläubiger, wenn dieser nicht erreicht wurde, nicht befugt gewesen wären, die definitive Zuweisung vorläufig auszusetzen. [2]) Man hat bei diesen und ähnlichen Rügen nicht daran gedacht, dass Theophilus nicht eine ausführliche und genaue Darstellung und Entwickelung, sondern nur eine kurze Skizze eines Institutes, das zu seiner Zeit schon lange antiquirt war, [3]) geben wollte, einen Abriss, der im Vergleiche mit dem des Gaius, der ein noch praktisches Gantverfahren beschreibt, sich gar nicht zu kläglich ausnimmt.

§ 80. Interdum quidem bonorum emtoribus N xx sus quidem
capio contingit U U si per eos (I x I P I C I I) [c über dem zweiten C]
Bonorum emtor xxx S C C O N ————————
que (C N I U I x C P C C P I x O A q) ———————— [darüber: n ii o o n]
I I I B U S U (O I P I P I I I x O) S I T E m q· de (U I I I x I I C x C x I I xxxxx). [darüber: n, o s]

Die Vermuthung Huschke's: Veluti si peregrinus sit bonorum emtor, kömmt mir nicht sehr wahrscheinlich vor, weil sie nicht zu den noch lesbaren Buchstaben passt, und weil der peregrinus, der nie durch usucapio Eigenthümer wird, hier wirklich nicht erwähnt zu werden brauchte. Darum ist die Meinung Krüger's [4]) anzunehmen, dass

1) Semestria ad Cic. pro Quintio p. 94 seqq.

2) Z. v. Bethmann-Hollweg: Der Civ. Process. T. 2. S. 681 u. ff.

3) „sed omnes hi circuitus hodie cessant, eo quod judicia sunt extraordinaria."

4) Versuche S. 139.

hier an den Fall zu denken ist, in welchem die Usucapion zum Nachtheil des bonorum emtor wegfällt, nämlich wenn die ganze bonorum venditio in Ermangelung der edictmässigen Bedingungen nichtig ist. 1) Hier ist übrigens alles unsicher.

§ 83. (operarum obligatio) (xxxxxxx q) per iusjurandum contractae et ——— legitimo iudicio. Rudorff 2) vermuthet, dass die letzten Worte *et lites contestatae legitimo iudicio* zu lesen sind. Wirklich, die auf das condemnari oportere gerichtete Processobligation war bei dem strengen judicium legitimum nicht an die thatsächliche, sondern an die civile Person gebunden. Ging diese nun nach der litis contestatio zu Grunde, so musste die mit der Person untrennbar verknüpfte Obligation gleichfalls nothwendig verfallen. 3) Bestätigt wird Rudorff's Meinung 4) durch L. 58 D. de O. et A. (44. 7.), wo Callistratus vom Uebergange der Processobligation auf den Erben und andere Nachfolger sagt: Sciendum est in omnibus causis *lites contestatas* in heredem similesque personas transire.

§ 84. Sed e diverso xxxxxxxxxxxx adoptionem debit

xxx xxxxxxxxxxxxxxxxxxx

coemtionatorem, autad patrem adoptivum xxxxx heredita-

---

1) L. 30. D. de reb. auct. jud. (42. 5). C. 7. 5. 3. D. quib. ex caus. in poss. eatur (42. 4) „si quis possederit bona alicujus quasi latitantis, qui non latitabat et vendiderit, consequens erit dicere venditionem bonorum secutam nullius momenti esse.

2) Lexic. Excerpte. p. 341. u. f.

3) Dies vermuthete schon Savigny. Syst. II. S. 81. h.

4) Diese Lesart Rudorff's hat nun auch Huschke in seine Jurisprudentia Antej. aufgenommen.

rium aes alienum xxxxxxxxxxxxxxx ipse pater adoptivus succedit xxxxxxx heres fit directo tenetur iure xxxxxxxxx se adoptandum dedit xxxxxxxxxxxxxxxxxxxxxxxxxxx desinunt esse heredes, de eo vero quod xxxxxxxxxxxxxxxxxx personae debuerint, licet neque pater adoptivus teneatur, neque coemtionator neque ipse quidem qui se in adoptionem dedit, vel quae in manum convenit maneat obligatus obligatave quia xxxxxx per capitis diminutionem liberantur, tamen in eum eamve civilis actio datur, rescissa capitis deminutione. So Göschen. Lachmann, Böcking und Huschke haben die Lücken auf verschiedene Weise auszufüllen versucht. Bei Studemund liest man: Ex diversoqhis debu ——— adoptionem dedit quaeq in manu conve ——— transit ad coemtionatorem aut ad patrem adoptivum nisisi hereditarium aes alienum F ——— enim quia ipse pater adoptivus aut coemtionator her fit directo tenetur iure (III) ——— se adoptandum dedit queque in manum convenit desinit ee heredes de eo vero quod proprio nomine eae personae debuerint licet neque pater adoptivus teneatur neque coemtionator xxx ipse (neque ipse) quidem quise ademinoptionem ded xxxxx quae in manum convenit maneat obligatus obligatamqui asmcetsi p. capitis diminutionem liberetur tamen in eum eamve utilis actio datur RCISSA (rescissa) capitis diminutione. Nach Studemund würden also die ersten Worte so zu lesen sein: Ex diverso quod is debuit, qui se in adoptionem dedit quaeque in manum convenit, non transit ad coemtionatorem aut ad patrem adoptivum, *nisi* hereditarium aes alienum fuerit, tunc enim, quia ipse pater adoptivus aut ipse coemtionator heres fit, directo tenetur iure, ipse vero qui se in adoptionem dedit quaeque in manum convenit desinit esse heres; de eo vero quod proprio nomine eae personae debuerint cet. Diese Lesart nahet sehr den Buchstaben der Handschrift, und wird auch durch § 3. J. de acq. per arrog. (3. xi) unterstützt.

§ 96. nam apud peregrinos quid iuris sit, singularum civitatium iura requirentes aliud xxxxxxxxxxxxxxxx. Böcking und Huschke suppliren: in alia lege reperiemus. *Aliud intelligere poterimus*, bei Studemund, der es nicht für unwahrscheinlich hält, dass auf diese Worte folgte INaLIISVaLeRe.

§ 98. Sed legatum sub impossibili conditione relictum nostri praeceptores putant proinde valere ac *si ea conditio adjecta non esset.* Bei Studem.: *ac si sine conditione relictum esset.*

§ 99. Praeterea inutilis. ——————————— ——————————— xx id quod alicujus est id ei dari non potest. Böcking und Huschke: Praeterea inutilis est stipulatio si quis ignorans rem suam esse, eam sibi dari stipuletur, nam id quod alicujus est, id ei dari non potest. Bei Stud.: si quis ignorans rem suam esse dari sibi eam stipuletur quip xx (quippe) *quod* alicujus est id ei dari non potest.

§ 102. velut si sestertia x a te dari stipuler, et tu sestertia v mihi promittas. Huschke [1]) und nach ihm Böcking lesen: et tu *nummum sestertium* v milia pro-

1) Gajus. S. 64.

mittas. Bei Studem.: e t t u n c e s t e r t i a ū milia. Hierdurch wird Huschke's Conjectur abgewiesen, die mir übrigens auch schon früher unannehmbar schien. Ihm zufolge bestand der Unterschied zwischen *sestertium* und *sestertii* darin, dass dem, der ersteres stipulirte, selbst mit ausländischem Gelde gezahlt werden kann, wenn das Gewicht nur zwei und ein halbes Pfund Silber beträgt, während dem, der z. B. 1000 Sestertii bedungen hatte, mit 2½ Pfund Silber aliud pro alio gezahlt wäre; Gaius habe an diesen Fall gedacht. Wäre dem so, dann hätte er nicht nummum sestertium *v* milia et sestertia *x* gegen einander gestellt, sondern viel eher dieselbe Zahl behaltend, nummum *sestertium* x milia et *sestertii* decem. Nun kann man gar nicht sehen, ob die Ungültigkeit der Stipulation im genannten Beispiele von dem Unterschiede der Summe [1]), oder von dem der Art des Bedungenén und Versprochenen abhängt, so dass der Jurist durch sein Beispiel die Sache anstatt zu erklären verdunkelt haben würde. [2])

§ 103. Sed diversae scholae auctores xxxxxxxxxxxxxx·
existimant pro xxxxxxxxxxxxxxxxxx
xxx actionem xxx causa xxx xxxxxxxxxxxxxxxxx
xxxxxxxxxx respondet ——————————————
—————————— xxxxxxxxxxxxxxxxxxxxx
xxxxxxxxx etiam xxx xxxxxxxx Göschen.

---

1) Wie es in den Institutionen (§ 5 de inut. stip. 3. 20) heisst.

2) Unbegreiflich ist es also was Huschke sagt, es wäre Gaius darauf angekommen, ein Beispiel völlig — in Qualität und Quantität — incongruenter Antwort aufzustellen, da ja das Eine und das Andre von entgegengesetzten Regeln beherrscht wird.

Böcking: diversae scholae auctores ——— existimant
pro aliena ——————— causa ———————
————— respondet ———————————
————————— etiam ———————————
——————————— Huschke: Sed diversae scholae auctores dimidium ei deberi existimant; pro aliena enim parte ita inutilem esse stipulationem, ut in causa duobus per damnationem relicti legati respondetur, deficientis collegatarii partem non alteri quaeri, sed in hereditate ut non debitam remanere quod etiam plane simile est. Die *vollständige Analogie* des Falles, wenn einer der collegatarii wegfällt, mit dem Falle dass eine stipulatio theilweise nichtig ist, weil zugleich für einen Andern bedungen ist, bleibe auf Huschke's Rechnung Bei Studem. lesen wir folgendes: Diversae scholae auctor dimidium ei deberi existimant pro altera vero parte inutile ee stipulationem alia causa est

xxxxx serv ——————— dari spondes ———————
——————————— solidum deberi et me sol ————
———————————— (qIxxx) etiam TIT (OIII)

Aus den lesbaren Buchstaben *alia causa est* in Verbindung mit *serv.* schliesse ich, Gajus behandelte hier nun den Fall, dass ein gemeinschaftlicher Sclave etwas bedungen hat, was einem der Eigenthümer nicht zu Theile werden kann; dann galt die Regel, das Ganze wird dem andern Eigenthümer erworben. Nam quodcumque ad omnes dominos non potest pervenire, id pro solido ad eum, cui adquiri potest, pertinere veteres comprobaverunt. L. 12. D. de auct. et cons. tut (26. 8) vergl. mit L. 1. § 4. D.

de stip. serv. (45, 3) Persona servi communis ejus conditionis est, ut in eo quod alter ex dominis potest adquirere, alter non potest, perinde habeatur, ac si ejus 'solius esset, qui adquirendi facultatem habeat. L. 7 § 1. L. 8. L. 9. pr. L. 17. L. 18. pr. L. 19. D. eod.

§ 104. Item inutilis est stipulatio, si ab eo stipuler, qui iuri meo subjectus est xxxxxx is a me — — xx

——— in mancipio ———————————

——— non solum ipsi ———————————

sunt, obligari non possunt, sed ne alii quidem ulli. Göschen. Huschke: Item inutilis est stipulatio, si ab eo stipuler, qui iuri meo subjectus est, aut contra is a me stipuletur. Sed de servis et de his, qui in mancipio sunt, illud praeterea ius observatur, quod non solum ipsi, cujus in potestate mancipiove sunt, obligari non possunt, sed ne alii quidem ulli. Bei Studem.: inutilis est stipulatio si ab eo stipuler qui iuri meo subjectus ē *item* si is a me stipuletur serв quidem et qui in mancipio ē et xx ı xxxxxxxxx seт quae in *manu* est non solum ipsi cuiusiuri *subjecti subjectaeve sunt* obligari n̄ (non) possunt sed ne aliquidem (alii quidem) ulli. Wir bekommen hier nicht nur eine genauere Lesart, sondern auch die Entscheidung eines bestrittenen Dogmas. Cujacius nämlich [1]) hat behauptet, dass die uxor in manu, welche natürlich keinen Vormund haben konnte, unfähig war sich zu obligiren, obschon der Mann, dem sie unterworfen, ihr Beistand verlieh, eben so wie der impubes alieni juris. L. 141. § 2. D. de V. O. (45. 1).

---

1) Observ. VII, II.

Directe Beweise konnte Cujacius nicht anführen, obschon seine Berufung auf Analogie und argumenta a contrario sehr begründet war. Das Gegentheil lehrte unter Andern Savigny.[1]) Durch die Worte *quae in manu est*, die wir hier bei Gajus finden, ist aller Zweifel über die Existenz dieses Dogmas zur Zeit der classischen Jurisprudenz beseitigt. Kann man nun mit Studemund, der es nicht für unwahrscheinlich hält, annehmen, dass auf die Worte *qui in mancipio est* folgte *filia familias*, dann würden wir ein starkes Zeugniss für den gleichfalls von Savigny bestrittenen Satz, dass eine filia familias, die hier anders wie der filius familias behandelt wird, Andern sich nicht obligiren kann; ein Satz der auch durch L. 3 § 4 D. comm. (13. 6) (die Savigny auf eine sehr gekünstelte Weise beseitigt) bestätigt wird, und der eine Rechtfertigung in der Erwägung findet, dass so dem Leichtsinne der Frauen gesteuert werden konnte, ohne, wie das beim Haussohne der Fall gewesen wäre, zu störend in den Verkehr einzugreifen. Der Umstand, dass die Haustochter kein Vermögen hatte, macht diese Vorsorge nicht überflüssig, da, wenn die von ihr eingegangenen Verbindleichkeiten gültig waren, während der Zeit, wo sie in der väterlichen Gewalt stand und nach der Emancipation die Gläubiger, dieser Schulden wegen, mit gutem Erfolge klagbar werden konnten.

§ 105. *quod et in surdo receptum est*, so die früheren Ausgaben, nach § 7 I. de inut. stip. 3. 20. Bei Studem. idem etiam in surdo receptume (est).

---

1) Syst. II. Beil. V.

§ 113. minus est post tempus. Bei Stud. minus est post tempus dare.

§ 117. mandati iudicio heredi ——— tenetur. Böcking: *heredi nostro.* Huschke: heredi *post mortem.* Studem.: h d i (heredi) *meo* tenet'.

§ 119. veluti si ———— aut pupillus sine tutoris auctoritate aut quilibet post mortem suam sibi dari promiserit. Hier hat Huschke gut bemerkt dass die Frau fehlt. Studem. liest: ūv (velut) si xxx Ā pupillus, und meint „in fine m ʊ l litterulas extitisse veri non est dissimile."

§ 121. et singuli viriles partes hocabentur. So bei Studem. Einige lesen: debent, Andere: *condemnantur*, Andere: *obligantur*, Huschke: dare iubentur.

Ibid. Eo igitur distat haec epistula a lege Furia, quod si quis ex sponsoribus aut fidepromissoribus solvendo non sit xxxxxxxxxxxxxxxxxxxxx quoque xxx xxxx. Böcking: quod si quis ex sponsoribus aut fidepromissoribus solvendo non sit — x — x orum quoque. Huschke: quod si quis ex sponsoribus aut fidepromissoribus solvendo non sit, non ideo plus a *ceterorum quoque* peti possit. Bei Studem.: quod si quis ex sponsoribus aut fidepromissoribus solvendo non sit, *hoc onus ad ceterorum quoque p tinet.* Dies ist vielleicht zu lesen: ad ceterorum quemque *non* pertinet.

Ibid. Cum autem lex Furia tantum in Italia locum habeat, *consequens est ut in provinciis*, so die früheren Ausgaben. Bei Stud. evenit ut in cet xxx (ceteris) p xx (pro) vinciis.

Ibid. nisi ex epistola *divi Hadriani hi quoque adjuvari videantur.* So Göschen, Böcking, Huschke. Bei Studem. *nisi ex epistula d H a d h i q c* (*quoque*) *adjuven* xx *in parte.*

§ 122. de eo quod amplius dederit adversus ceteros actionem habet. So die früheren Angaben. Huschke fügt hinzu: ex ea lege quae scil. ante legem Furiam lata est. Bei Studem.: de eo quod amplius dederit *adversus ceteros ac (actio) nes constituit* quae lex ante legem Furiam lata est.

Ibid. Apuleja vero etiam in ceteris ——— Huschke: Apuleja vero etiam in ceteris praeter Italiam regionibus. Bei Stud.: Apuleja vero etiam in ceteris provinciis.

Ibid. Lex Apuleja non pertinet. Huschke lässt nach den Worten Apuleja vero etiam in ceteris folgen: Alia vero est fidejussorum condicio; nam ad hos lex Apuleja non pertinet: bei Studem. Set an etiam alis (aliis) beneficium legis Apulei*ae sup* (pro) sit valde quaeritur x d (ad) xxxxx (FISOR = fidejussores) Apuleia N̄ (non) P (per) tinet.

§ 123. Praeterea lege — x eia cautum est cet. Einige lesen lege Porcia, Andere Petreia, Apuleia, Cornelia, Crepereia, zuletzt Huschke Pompeja, weil sie von Pompejus Rufus, Zeitgenosse des L. Sulla (666), herrührt. Bei Studem. steht aber so deutlich als nur möglich leg. *Cicereia.* Ein gewisser C. Cicereius kömmt vor als Praetor im Jahre 581. 1)

§ 124. et q̄u sponsoR ū fideipromissoR in amplam pecuniam ūūsissc m̄il. Göschen liest: se obligaverit, non tamen tenebitur. Huschke 2) et quamvis sponsor vel promissor (vel fidejussor) in amplam pecuniam velut si ses-

1) Liv. 42, 21, 45, 17. P. Cicercius findet sich im Jahre 646 bei Mommsen. C. J. I. no. 565, S. 160.

2) Gaj. S. 91.

tertium c milium nummum se obligaverit, tamen duntaxat $\overline{xx}$ damnatur: die letzten Worte aus dem Grunde weil vor der Kaiserzeit die Gesetze nicht perfectae waren, und also Jemand wohl von einer Obligation befreien, nicht aber auch den Willen der freien römischen Bürger selbst für nichtig erklären konnten. Es bleibt aber die Frage ob Gajus, wo es blos auf den Erfolg ankam, bei seiner Terminologie sich viel um diesen Unterschied bekümmert habe.

§ 126. In eo iure quoque iura par condicio est omnium. So bei Studem. Wahrscheinlich muss das letzte *jure* ausfallen. S. § 118 und § 127. Böcking und Huschke haben in eo quoque iure, jure par condicio est omnium.

§ 132. Unde proprie dicitur arcariis nominibus etiam peregrinos obligari. Huschke, Böcking und van der Hoeven wollen *improprie* lesen, weil sonst der angegebene Grund unerklärlich wäre. Ich meine das *proprie*, welches durch Studemund bestätigt wird, vertheidigen zu müssen. Gajus beginnt damit, im § 128 zu sagen: Literis obligatio fit in nom. transcripticiis. Die Antithese ist in § 131 alia causa est eorum nomimum, quae arcaria vocantur, d. h. in his literis obligatio non fit, sed rebus. Wenn nun auch der Ausdruck *literis fit obligatio* hier unrichtig wäre, so ist dies keinesweges der Fall bei *arcariis nominibus obligari*, da hiermit nicht gesagt wird, dass man mit einem Formal-contract zu thun habe, sondern lediglich mit einer Verbindlichkeit, die in eo quod de arca suntum est ihren Rechtsgrund findet. Auch fordert der Gegensatz im folgenden § transcripticiis vero nominibus eine vorhergehende Affirmation. Endlich würde Gajus, wenn er etwas bemängeln wollte, nicht die Redensart *obligari* arcariis *nominibus*, sondern vielmehr das nomina arcaria selbst getadelt haben.

§ 140. alioquin si inter *eos* convenerit. Stud. bestätigt die Conjectur Huschke's „si inter nos."

Ibid. Labeo negavit, ullam vim hoc negotium habere; *quam sententiam* Cassius probat, so die früheren Herausgeber. Bei Stud. *cujus opinionem*.

§ 141. veluti homo aut toga aut fundus. Diese Lesart wird bestätigt durch die Institutionen und Theophilus. Bei Studem. veluti hoc modo a toga aut fundus. Die Worte *pretium esse possit* müssten nicht weggelassen sein.

Ibid. si rem tibi venalem habenti ŪUTI *fundum acceperim.* Es ist bekannt, wie man mit der Construction dieses Satzes verlegen war, und daraus *si rem a te venalem habente*, oder Titio venalem habente gemacht hat; wie hiernach Huschke auf den glücklichen Gedanken kam statt *acceperim*, *accesserim* zu lesen. Hierdurch erlangen wir: Käufer ist derjenige der den ersten Schritt zum Verkäufer, gleichsam dem unbeweglichen Puncte, thut. Ich nannte diese Conjectur eine glückliche, weil nach der Ansicht der Römer die Initiative, um einen Kauf zu schliessen vom Käufer ausgeht. Hieraus ist das emtum *rogare* und das bei Varro vorkommende „Emtor dicit eae res tanti mihi sunt emtae"? worauf der Verkäufer antwortet: Sunt, [1])

---

1) Cujac. Comment. ad Juliani Lib. III ad Ursej. Feroc. in explicatu. L. 41 D. de contr. emt. (18. 1).

abzuleiten. Wahrscheinlich ist das *acceperim* entstanden aus dem am Ende des § befindlichen ut *fundus acciperetur*, zugleich ersehen wir aber aus dem angeführten Beispiel, dass die Zahlung des Preises der Lieferung der Sache vorhergehen musste.

§ 153. Dicitur et capitis diminutione solvi societatem, quia civili ratione capitis diminutio morti ———— dicitur. Huschke, Igitur et capitis dim. solvi societatem (constat), quia civili ratione capitis diminutio, mortis instar fere 'dicitur. Bei Studem. dicitur e T. K. diminutione solvi societatem, quia civili ratione K. d. morti coaequat' sed utique cet.

§ 154. Sed xxxxxxxx societas xxxxxxxxxxxxxxxx consensu contrahitur nudo, juris xxxxxxxxxxxxxxxxx omnes homines naturali ratione possunt. Göschen: sed hoc quoque casu societas de qua loquimur novo consensu contrahitur nudo, iurisque gentium est ———— omnes homines naturali ratione possunt. Huschke: sed hoc quoque casu societas denuo contrahi potest, quia consensu contrahitur nudo, jurisque gentium est, consentire vero omnes homines naturali ratione possunt. Bei Studem. sed haec q q̄ societas de qua lo q mur I O R q consensu 7 hitur nudo iuris ge co-gentium e I T a q̄ inter omnes homines naturali ratione consistit. Vielleicht sind die ersten Worte so zu lezen: sed haec quoque societas, de qua loquimur renovari potest, quod consensu contrahitur nudo jurisque gentium est itaque inter omnes homines (d. h. obschon ein Gesellschafter durch die Vermögensexecution alles verloren hat) naturali ratione consistit.

§ 155. Mandatum consistit, sive nostra gratia mandemus, sive aliena xxxxxxxxxxx negotia geras, sive ut alterius xxxxxxxxxxxxxxxxxxx obligatio et invicem alter alteri tenebimur xxxxxxxxxxxxxxxxxx mihi bona fide mihi praestare oportere. Huschke: Mandatum consistit, sive nostra gratia mandemus, sive aliena, id est, sive ut mea negotia geras, sive ut alterius mandem tibi, erit mandati obligatio, et invicem alter alteri tenebimur, ideo quod tam me tibi impensas quam te mihi bonam fidem praestare oportet. Bei Studem.: Mdat consistit sive nostra gratia mandem' sive aliena itaque sive ut mea negotia geras sive ut alterius mandaverim contrahitur mandati obligatio et invicē alter alteri tenevimur idin (in id) q (quod) vel me tibi vel te mihi bf (bona fide) p stare oportere. Wahrscheinlich ist vor praestare weggefallen p, das gewöhnliche siglum für *paret.*

§ 156. Quod enim tu tua gratia facturus sis, id ex tua sententia, non ex meo mandatu facere videberis. So die früheren Ausgaben. Bei Studem. quod enim tu tua gratia facturus sis; id *de* tua sententia, non ex meo mandatu facere *debes.*

Ibid. Itaque si otiosam pecuniam domi te habere mihi dixeris, et ego te hortatus fuerim, ut eam fenerares. So die früheren Ausgaben. Bei Studem.: Itaque si otiosam pecuniam *domi tuae abentem* hortatus fuerim ut eam fenerares.

Ibid. Itaque et si hortatus sim, ut rem aliquam emeres, quamvis non expedierit tibi eam emisse, non tamen ——————————————— et adeo haec ita sunt, ut quaeratur, an mandati teneatur, qui mandavit tibi, ut Titio pecuniam fenerares xxxxxxxxxxxxxxxxxxxx

———————— xxx quia non aliter Titio credidisses, quam si tibi mandatum esset. Huschke: Item et si hortatus sim, ut rem aliquam emeres, quamvis non expedierit tibi eam emisse, non tamen mandati *tibi tenebor* et adeo haec ita sunt, ut quaeratur, an mandati teneatur, qui mandavit tibi, ut Titio pecuniam fenerares. *Sed verior est Sabini sententia, si non generaliter ut pecuniam fenerares, mandatum sit, sed fenerare Titio iussus sis, esse mandati actionem existimantis, quia* non aliter Titio credidisses, quam si tibi mandatum esset.

Bei Studem.: Itaem (Ita etiam) si hortatus si̅ (sim) xx R xx (ut rem) aliquamemer (emeres) q n̄ (quamvis non) expedierit tibi eam emisse n̄ t m (non tamen) tibi mandati teneri et adeo haecita s̄ (sunt) ut queratur an mandati tenean t' (teneatur) q́ (qui) mandavittibi ut Titio pecuniamfenera r s' servius negavit n̄ m̄ ḡ (nec magis) h' (hoc) casu obligatum (obligationem) consistereputavit quamsi^et generaliter alicui m̄detur uti pecuniam suam feneraret seqmur (wahrscheinlich ursprünglich sed sequimur) Sabini opinionem consentientisq n (non) aliter Titio credidisses q (quam) si tibi m̄ datum e̅c̅t̅.

Durch die Vergleichung des mandatum generale mit dem speciale, die in den Institutionen nicht gehörig entwickelt ist, [1]) fällt erst auf § 6. I. mand. (III. 27.)

1) Besser von Theoph. ad h. l.

das volle Licht und bekommen die letzten Worte eine praegnante Bedeutung. Bei einem allgemeinen Anrathen um Geld auszuleihen, ist es wenigstens sehr zu bezweifeln, ob man je an Titius gedacht habe, vielleicht kannte man ihn gar nicht oder wenigstens nicht genug um ihm Vertrauen zu schenken. Nun aber ist das Darlehnsgeschäft mit diesem eine unmittelbare Folge des gegebenen Rathes, für dessen Erfolg billigerweise der Auftraggeber ebenso als wäre er Bürge geworden, eintreten muss, quia non aliter Titio credidisset quam si tibi mandatum esset.

§ 157. Illud xxxxxxxxxxxxxxxxx mandetur, quod contra bonos mores est, non contrahi obligationem. Huschke: illud *constat*, *si faciendum quid mandetur.* Bei Studem.: illud constat, si quis*de ea re* mdeтq. $\bar{7}$. (quod contra) bonos mores e.

§ 158. Item si quid post mortem meam faciendum mandetur, so Böcking, Huschke: Item si quid faciendum mihi mandetur. Bei Studem.: Item si quis post mortem meam faciendum $\bar{m}$ det. Mit Huschke meine ich dass die ursprüngliche Lesart war *faciendum̄* m (mihi) mandet, weil ein solches mandat wenn es nicht mir sondern einem Dritten ertheilt wird, (um etwas nach dem Tode des Mandanten zu thun) vollkommen gültig ist. Gaius S. 98.

§ 167. Illud quaeritur, *an* quod domini nomen adjectum efficit, idem faciat unius ex dominis jussum intercedens, Göschen. Böcking und Huschke, an quod nomen adjectum *unius* domini efficit. Bei Studem.: *Illu*т q̄ritur тamq dominonomen adiectumdomini etfecit: idem faciat cet.

§ 171, 172. Sed *et* id quod ex alia causa debeatur, potest in stipulationem deduci et per acceptilationem imaginaria solutione (dissolvi). Tamen mulier sine tutore auctore acceptum facere non potest; cum alioquin solvi ei sine tutore possit. Göschen, Böcking, Huschke: sed et id, quod ex alia causa debeatur, potest in stipulationem deduci et per acceptilationem dissolvi. *Quamvis vero dixerimus*, perfici acceptilationem imaginaria solutione, tamen cet. Bei Studem.: sed id [1]) quod ex aliac̄ sa (causa) debeaᴛ' potest in stipulation. deduci et p (per) acceptilationem imaginaria solutione ᴛm̄ m̄l s̄· ᴛ̄· A acceptum facere N̄ potest. M. E. sind die letzten Worte so zu lesen: et per acceptilationem dissolvi. Imaginaria solutione tamen mulier sine tutore auctore acceptum facere non potest, und dann wäre dies der Gedanke: obschon die acceptilatio als eine imaginaria solutio befreit, geschieht dies nicht bei der Frau, die ex causa lucratriva auf diese Weise ihren Schuldner ohne Beistand ihres Vormundes von seiner Verpflichtung befreien will cum deteriorem faciat conditionem suam. Das Gegentheil würde aber der Fall sein, wenn auf eine wirkliche Zahlung die Acceptilation gefolgt wäre oder diese ex juris necessitate Statt fand. Vgl. L. 5 § 1 de lib. leg. (34. 3) L. 9 D. de praescr. verb. (19. 5) L. 41. § 2. D. de jur. dot. (23, 3).

Ibid. Item quod debetur, pro parte xxxxxxxxxxxxxxx recte

---

1) So muss man lesen, eben wie in § 1 der Institut. quib. modis obl. toll., wie schon ganz richtig Schrader ad h. l., da was verbis debetur nicht in eine neue stipulatio umgeformt zu werden braucht.

solvitur; an autem in partem acceptum fieri possit quaesitum est: Göschen. Böcking: item quod debetur, pro parte recte solvi intelligitur; an autem in partem debiti acceptum fieri possit, quaesitum est. Huschke: item quod debetur, pro parte creditori recte solvitur. Bei Studem. ist die Stelle corrupt; sie lautet da: IT̄ (item) q (quod) debetpro partedebet recte solvi rectesol VIT a' (ti) ĀT in partem acceptum fieri possit, q x sit.

Der lesbare Inhalt, abgesehen von einzelnen Buchstaben, ist ebenso wie die damit übereinstimmende Institutionenstelle (§ 1 Quib. mod. tollitur oblig.) schwer zu verstehen. [1]) Ist es wohl so allgemein wahr, quod debetur pro parte creditori recte solvitur? Ist es wahr, wenn der Gläubiger Stückzahlung anzunehmen sich weigert? Ist es wahr bei untheilbaren Obligationen, wo eine Theilzahlung durch die Natur der Sache ausgeschlossen ist? Das erste negirt L. 41. § I. D. de usur. (22. 1) vergl. mit L. 21. D. de R. C. (12. 1), das Zweite L. 2. § I, L. 85. D. de V. O. (45. 1). L. 5. §. ult. D. de V. S. (50. 16). Dann allein also kann eine Theilzahlung die Obligation für einen Theil aufheben, erstens wenn es eine theilbare Obligation betrifft, und zweitens wenn bei der Eingehung des Schuldverhältnisses bedungen war, dass die solutio theil-

1) Die Glosse hat schon diese Schwierigkeit gemerkt und die Justitutionenstelle vom dem Falle verstanden, dass der Schuldner einen Theil der Schuld eingesteht, den andern läugnet, et *hoc etiam casu potest intelligi quod hic dicitur.* Auch Schrader bemerkt zu den Worten recte solvitur: scil. si ea adsunt, quae ut partiaria solutio procedat, non deficere debent.

weise bewerkstelligt werden könne (geschweige den Fall eines späteren Vertrages). Diese Erfordernisse einer theilweisen Befreiung sind sowohl bei Gajus als in dem citirten § der Institutionen angegeben, wenn man in beiden Stellen liest: „*quod debetur pro parte, pro parte recte solvitur*," im Gegensatze zur acceptilatio, einer streng formalen Rechtshandlung, bei welcher, wenn es eine theilbare Obligation betraf, ein Zweifel herrschte, der aber später beseitigt ist. L. 9, 10. L. 13. § I. D., de acceptil. (46. 4). Wir erlangen also, wenn unsere Conjectur richtig ist, diesen Satz: bei theilbaren Obligationen ist unter gewissen Voraussetzungen eine theilweise Zahlung zugelassen; ob eine theilweise Acceptilation unter denselben Voraussetzungen zuzulassen, war zweifelhaft.

§ 174. dd is q̄ liberat ita ō loquatur q egoTIbI TOT
e o c c c
miliB. condemnaT xxxx meGONMeNeNxCTe solvo liveroq
h' aere aeneaq̄libra hanc tiBi liBRamprimamp' TRemanq
c r z o
expeNdelegem puBlIcam. So bei Studem. Demgemäss liest Huschke [1]): Deinde is, qui liberatur, ita oportet loquatur: quod ego tibi tot milibus condemnatus sum, *me eo nomine* a te solvo liberoque hoc aere aeneaque libra: hanc tibi libram primam postremamque expendo secundum legem publicam. Ich habe nur ein Bedenken gegen me a te solvo, nicht weil diese Redensart an und für sich unrichtig wäre [2]), sondern weil im Codex CTE, nicht ATE steht. Darum möchte ich vorziehen, me eo

1) Letzte Ausgabe der Jurisprud. Antejust.

2) Siehe z. B. L. 91. D. de sol. (46. 1).

nomine RECTE solvo. Die Römer pflegten bei formalen Handlungen auszudrücken, dass man alle die Folgen wolle, die nach dem strengen Civilrechte möglich sind. Ego me recte solvo will also sagen: wie ich dir einem Urtheil zufolge zu Hand und Halfter hingegeben war, so mache ich mich von dir ganz los, um wieder ein freier Mann zu sein. Wegen des vorhergehenden *tibi* und *eo nomine* war es nicht nöthig nochmals ausdrücklich zu erwähnen, von wem man sich befreie [1]).

§ 175. de eo tamen tantum potest hoc modo liberari. Bei Stud.: de eo tamen tantum $\overline{\text{pot}}$. $\bar{\text{h}}$eo$\overset{\text{o}}{\text{m}}$ = heres eo modo [2]).

§ 184. Sed et illorum sententia, qui existimant, donec perferret eo quo fur destinasset, deprehensum furtum xxxxxxxxxxxxxxxxxxxxxxxxx aliquam xxxxxxxxx dubitationem xxxxxxxxxxxx etiam plurium dierum spatio id terminandum sit. Göschen. Lachmann: sed et illorum sententia, qui existimaverunt, donec perferret eo quo fur destinasset deprehensum furtum, furtum manifestum esse, improbata est, quod dicebatur aliquam admittere dubitationem. Huschke: sed et illorum sententia, qui existimaverunt, donec perferretur eo, quo fur destinasset, deprehensum furtum manifestum esse, a plerisque improbata est, quoniam moveret dubitationem. Bei Studem.: Sed et illoR'

---

1) Siehe übrigens über dies Formular die interessanten Anmerkungen Huschke's. Studien I. S. 292. Krit. Bemerk. zu Gajus Zeits. für Rechtges. VII. S. 167. Karlowa, der Röm. Civ. Process. VII. S. 151.

2) Schon vermuthet von Göschen.

saq (illorum sententia qui) existimaver· donec p ferret eo quo fur destinasset dephensum furtummf. (manif) tam ee ideo non videtur probari q (quod) magnam recipit dubitationeutr unius diei an etiam plurium dieʀ. spatio id terminandum sit.

§ 192. Prohibiti actio quadrupli ex edicto praetoris introducta est: lex autem cet. Bei Studem.: prohibiti actio quadrupli *est* ex e pʀ. (ex edicto Praetoris) introducta.

§ 193. Certe N̄ dubitatur. Ich vermuthe dass Gajus geschrieben hat Certe N̄N̄ d. h. enim non, dubitatur. Um die Lächerlichkeit dieser Maassregel zu zeigen setzt er den Fall, dass der gesuchte Gegenstand, sei es wegen seiner Natur, sei es wegen seines Umfangs nicht auf die lanx gelegt werden kann. Nun könnte man meinen, das Recht habe hierfür durch die Vorschrift wie und woraus die *lanx* gemacht sein muss, gesorgt, dem ist aber nicht so, denn cujuscunque sit ea lanx satis legi fieri.

§ 197. *et* si permissurum crederent, extra furti crimen videri. So die früheren Ausgaben. Bei Stud. besser *ut si*.

§ 201. velut res hereditarias, quarum non prius nactus possessionem necessarius heres esset; nam necessario herede extante placuit, ut pro herede usucapi possit. Huschke: velut res hereditarias, quarum heres *nondum* nactus possessionem, licet necessarius heres esset; nam necessario herede extante *placuit*, ut pro herede usucapi possit. Bei Stud. ŪŪ (veluti) res hereditarias quarum h̄ ʀ ɴ e (heres non est) nactus possessionem N̄ (nec) necessarius heres esset N (nam) necessario herede extante placuit N|V (nihil) pro herede usucapi p's (posse). Siehe B. II. § 58.

Ibid. debitor quoque, qui fiduciam, quam creditori mancipaverit aut in jure *cesserit*, *detinet*, ut superiore commentario retulimus, sine furto possidere et usucapere potest. Göschen, Böcking und Huschke. Bei Stud.: IT (item) debitor rem q (quam) fiduciae c̄ c̄ (causa) creditori m̄cipaverit ā (aut) in jure cesserit dum e a q̄ in superiore commentario retulimus, sine furto possidere et usucapere potest. Natürlich muss man für dum ea lesen *secundum ea.* Mit der Verweisung auf das im zweiten Buche Gesagte will Gajus auf die Beschränkungen si neque conduxerit — rem a creditore debitor, neque precario rogaverit, ut eam rem possidere liceret (§ 60), aufmerksam machen. So hat man in den Worten secundum ea diese Vergleichung, gleich wie die pro herede usucapio ausgeschlossen ist bei der Existenz eines heres necessarius, so die usureceptio, wenn man als Miether oder precario den Besitz erlangt hat.

§ 207. Qua de Ḡ Rei subrepta fuerit quae R TITUENda ēē' nonomninoe depositie non tenetur nec obid e' ē rem salvam ēē furti itaq̄. agere non potest et ea actio domino competit. So bei Stud. Hier hat Huschke es gut getroffen, da er die Lesart vorschlägt: qua de causa si res ei subrepta fuerit, *quia* restituendae ejus nomine actione depositi non tenetur, nec ob id ejus interest, rem salvam esse, furti agere non potest, sed ea actio domino competit. Fürerst ist diese Lesart fast dieselbe mit der in den Institutionen und bei Theophilus, aber ausserdem sagte das *quae restituenda est* der früheren Ausgaben eine Unwahrheit, da bei Ermangelung des dolus die Zürückgabe der Sache nicht gefordert werden kann.

§ 217. Unde non solum usta aut rupta aut fracta, sed etiam scissa et collisa et effusa et xxxxxx aut peremta atque deteriora facta, Göschen. Böcking: et collisa et effusa et diruta. Huschke: effusa et quoquo modo aliter peremta. Bei Studem.: et collisa et effusa et q q m (quoquo modo) *vitiata* aut peremta cet. Vergl. L. 27. § 15. D. ad leg. Aquil. (9. 2).

§ 218. ac ne plurimi quidem verbum adicitur, et ideo quidam xx putaverunt, liberum esse xxxxxxx xxxxxxxxxxx diebus xxxxxxxxxxxxxxxxx adiceret, quo plurimi res fuerit, vel eum quo minoris fuit. Göschen. Böcking: vel alium, quo minoris fuit. Huschke: et ideo quidam *diversae scholae* putaverunt, liberum esse *ius datum*, *ut duntaxat* de triginta diebus *proximis* vel eum praetor formulae adiceret, quo plurimi res fuit, vel alium, quo minoris fuit. Bei Stud.: et ideo quidam puputaverunt liberum ee iudicium ad id tempus ex diebus xxx aestimationem redigere quo plurimi res fuit vel ad id quod minoris fuit. Einige scheinen der Meinung gewesen zu sein, dass der Praetor nach den Umständen, wenn er nur innerhalb der 30 Tagen blieb, sowohl ein minimum als ein maximum vorschreiben konnte, eine Meinung die gar nicht so verwerflich ist, wenn man bedenkt, dass die L. Aquilia auch den geringsten Grad der culpa, [1]) selbst die, welche dem Zufalle

1) L. 44. D. ad l. Aquil. (9. 2).

ganz nahe kam, betraf, so dass man den strengen Maassstab nur beim Tödten der Sclaven oder quadrupedes quae pecudum numero sunt, anlegen musste. Es befremdet jedenfalls, dass man hier Theophilus fast ungebraucht liess, dessen Paraphrase lautet: Und dort ist das Wort *plurimi* hinzugefügt, hier aber weggelassen, damit der Richter die Freiheit habe, auf den Tag unter den dreissig Tagen zurückzugehen, wo die Sache weniger werth war, und sich dem Beklagten gefällig zu erweisen, oder auf den wo es mehr werth war, und den Kläger zu begünstigen. (Wüstemann.)

§ 219. Item si quis alienum servum de ponte aut ripa in flumen proiecerit, et is suffocatus fuerit, *hunc* corpore suo damnun dedisse eo, quod proiecerit, non difficiliter intelligi potest: Göschen. Böcking: nam si quis alienum servum de ponte aut ripa in flumen proiecerit et is suffócatus fuerit, *is utique* corpore suo damnum dedisse eo, quod proiecerit, non difficiliter intelligi potest. Huschke: *quod si quis — hunc* corpore suo damnum dedisse cet. Bei Stud.: Itempsi quis alienum ẽ sēʀ de ponte anripa in flumen piecerit et is suffocatus fuerit $\overset{u}{\overline{qq}}$ hɪc corpore suo damnum (dedis) set eoq piecerit ɴ difficiliт intelligi potest. Dass das im Anfange des § befindliche *item* nicht richtig sein kann, da hier nicht ein gleicher, sondern ein entgegengesetzter Fall behandelt wird, merkten alle, und in den Institutionen Justinian's liest man an dieser Stelle *sed si quis.* Meiner Meinung nach stand hier ursprünglich: *Quid* autem [1]) si quis — et is suffocatus fuerit?

1) So bei Theoph. ad h. l.

utique hic corpore suo damnum dedisse cet. Die strenge Bestimmung der lex Aq. war ut quis praecipue corpore suo damnum dederit, d. h. dass jemand unmittelbar mit seinem Körper, oder jedenfalls mit einem Werkzeuge, das er hantirte, den Tod verursachte (occisum accipere debemus, sive gladio, sive etiam fuste, vel alio telo, vel manibus, si forte strangulavit eum, vel calce petiit vel capite vel qualiter qualiter). L. 7. § 1 ad l. Aq. [1])

Später hat man der L. Aquilia einen grösseren Umfang gegeben, da man sie auch dann anwandte, wenn jemand nicht unmittelbar *corpore* den Tod verursacht, aber doch *corpore* eine That verrichtet hatte, die mittelbar den Tod herbeiführen musste. Wenn jemand z. B. einen andern festhält, um ihn durch einen aufgehetzten Hund beissen zu lassen. L. 11 § 5. L. 29 § 2. L. 52 § 2. D. ad. l. Aq. Welche Erweiterung man auch der Aquilia gegeben, in vielen Fällen und bei den so mannigfaltigen Nüancen blieb Zweifel über die Grenzen der Leg. Aquilia directa utilis et in factum bestehen. [2]) So war darüber Zweifel entstanden [3]) ob, wenn man einen fremden Sclaven von

1) L. 51 pr. eod. occidisse dicitur vulgo quidem qui mortis causam quolibet modo praebuit, sed lege Aquilia is demum teneri visus est, qui adhibita vi et quasi manu, causam mortis praebuisset, tracta videlicet interpretatione vocis a caedendo et a caede.

2) So z. B. in L. 11 § 5. Item cum eo qui canem irritaverat et effecerat, ut aliquem morderet, quamvis eum non tenuit. Proculus respondit Aquiliae actionem esse, sed Julianus eum Aquilia teneri ait, qui tenuit et effecit ut aliquem morderet: ceterum si non tenuit in factum agendum.

3) Man siehe u. a. L. 7. § 1. D. ad l. Aquil., wo Ulpianus sich auf Celsus beruft.

der Brücke geworfen hat, und dieser hierdurch erstickt war, die act. leg. Aq. directa gebraucht werden konnte. Man konnte nämlich behaupten, dass der Tod nicht unmittelbar durch das Hinunterwerfen von der Brücke, sondern durch das hierdurch verursachte Ersticken bewirkt sei, so dass hier ein gleicher Fall vorhanden ist, als wenn man einen Sclaven eingeschlossen hat, der in Folge dessen verhungerte, oder dass man einen Sclaven überredet hat das zu verrichten, wodurch der Tod herbeigeführt werden musste; in all diesen Fällen lag noch einigermassen ein zweites Ereigniss zwischen der körperlichen That und dem Tode. Doch man hat hier diese Ansicht nicht getheilt, weil man jedenfalls bei dem Herunterwerfen von der Brücke sagen kann corpore laesum, corpore suo damnum dedisse *eo*, quod proiecerit. 1)

§ 220. cum quis pugno pulsatus aut fuste percussus. So die früheren Ausgaben. Bei Studem.: cum quis *pugno puta* aut fuste percussus. So auch in Justinian's Institutionen.

§ 221. Pati autem iniuriam videmur non solum per nosmet ipsos, sed etiam per liberos nostros, quos in potestate habemus, item per uxores nostras quae in manu nostra sunt. So bei Göschen. Lachmann, Böcking und Huschke: quamvis in manu nostra non sint. Bei Studem.: item per uxores nostras c (cum) in manu nostra sint. Da also früher die Frau in manu sein musste, damit der Mann sich eine ihr zugefügte Beleidigung anziehen konnte, war,

---

1) Z. Suarez. Thes. Meerm. II. S. 165.

nachdem die manus nicht mehr im Gebrauche war, hierüber Zweifel entstanden,[1]) bis das Princip wieder spectat ad nos injuria quae in his fit, qui vel potestati nostrae, vel affectui subjecti sunt. L. 1. § 3. D. de inj. (47. 10.) zur Gültigkeit gekommen war.

1) Hierauf geht Inst. (de injur. 3. 4) item per uxorem suam id enim *magis praevaluit.*

VIERTES BUCH.

§ 2. In personam actio est, quoties cum aliquo agimus, qui nobis vel ex contractu, vel ex delicto obligatus est, id est cum intendimus, dare facere, praestare oportere. Göschen. Lachmann liest: In personam actio est, *qua* agimus, quoties cum aliquo, qui nobis vel ex contractu vel ex delicto obligatus est (contendimus) id est cum intendimus, dare, facere praestare oportere. Huschke: in personam actio est, *quoties* cum aliquo agimus, qui nobis vel ex contractu vel ex delicto obligatus est, id est *eum* intendimus dare, facere, praestare, oportere. Bei Studem.: In PsoNaoe (in personam actio est) qua agim' quotiens c'aliquoqui nobisuex 7ctuu ex delictoobligatus e ide c'intendimus dare cet. Wahrscheinlich ist hinter *quotiens* weggefallen *controversia est.* Vgl. § 1. I. de Act. (4. 6).

§ 3. In rem actio est, cum aut corporalem rem intendimus nostram esse — vel altius tollendi *vel* prospiciendi: *item* actio ex diverso adversario est negativa. Bei Stud. INRem xx aoeca (in rem actio est cum aut) corporalem rem intendimus nostram ee — u altius tollendi — ospiciendive ao ex diverso adversario est negativa. Erstens muss man statt *vel prospiciendi*, *prospiciendive* 1) lesen, zweitens muss das in alle frühere Ausgaben aufgenommene *item* wegfallen, denn Gajus nimmt von den actiones in rem zwei von ungleicher Art an, die er nicht durch *item* verbinden kann, nämlich die in welchen ein Recht behauptet, und die in welchen das Bestehen des Rechts der Gegenpartei geläugnet wird. So auch in § 2. I. de act.: *Contra* quoque de servitutibus — invicem quoque proditae sunt actiones. istae quoque actiones in rem sunt sed negativae.

§ 4. c' scil (cum scilicet) id dari NOBIS intellegaTur qnostrum FIAT. So bei Studem. Frühere Ausgaben haben aus § 14. I. de act. hinter *quod* eingeschoben *ita datur ut*. Mit Recht hat v. Scheurl 2) bemerkt, dass dies Einschiebsel unnöthig ist, wenn man nur auf *fiat* im Gegensatze zu *est* den Ton legt. Ausserdem bedeutet in der formula 3) das *dare* oportere absolute Eigenthumsübertragung. Hieraus folgt zugleich, dass auch in dem folgenden Satze *nec res quae* das *est nostra* zu wiederholen überflussig ist, 4) und man genug hat mit dem was

1) Ebenso in § 2. I. de Act.

2) Beiträge I. S. 130.

3) Da unter Justinian von der Formula nicht mehr die Rede ist, ersieht man leicht warum die Institutionen sich etwas anders als Gaius ausdrücken; denn nicht mehr allein vom Worte, sondern von der Absicht mit welcher es gebraucht wird, hing es ab ob man mit einer Eigenthumsübertragung zu schaffen hat.

4) V. Scheurl a. a. S. bleibt sich nicht consequent.

bei Stud. vorkommt N' res q̄ NOSTRA (est) fieri p̄ (potest).

§ 9. damni injuriae — rerum legatarum nomine quae per damnationem certae relictae sunt. Göschen. (Addit ad Ed. 2. S. 301). Böcking: damni injuriae legis Aquiliae et rerum legatarum nomine cet. Huschke: damni injuriae legis Aquiliae, *item* legatorum nomine — quae certa relicta sunt. Bei Studem.: damni [IN] —— (aeuaqua i) aBalegaTORUmNŌm q̄ per damnatioNem certe relictae sunt. Wahrscheinlich ist dies zu lesen: damni injuriae legis Aquiliae *aut* legatorum nomine [1]) quae per damnationem certa relicta sunt.

§ 14. eaque actio perinde periculosa erat xxxxxxxxxx atque hoc tempore cet. Göschen. Böcking: eaque actio perinde periculosa erat *falsi*. Huschke: eaque actio perinde periculosa erat *falsiloquo propter iusiurandum* Bei Studem.: eaque ao̅ pinde periculosa erat Falsi (icqxxIII) atque cet. Rudorff hat aus seinen Lexical. Excerpten geschlossen dass hinter *falsi*, *dicis* gestanden habe, und also hier *falsidicis* (ψευδολόγος, Πλαστολόγος) gelesen werden müsse. [2])

Eadem lege cautum est favoris causa, ne satisdatione onerarentur adsertores. Göschen. Huschke hat die jedenfalls wunderliche Lesart [3]) eadem lege cautum

1) So schon Heffter.

2) Ueber die Lexic. Excerpte, S. 342. Falsi loquis wie Savigny vorschlug, scheint zwar äusserlich noch besser in die Lücke zu passen, es ist aber spätlateinisch und entbehrt der bestimmten Beziehung auf die Rechtsbehauptung. Rudorff a. a. S. 350, 362.

3) Um so wunderlicher, da er früher die richtige Bemerkung ge-

est favoris causa, ut eo facilius compararentur adsertores Bei Studem. eadem lege cautum̄e Faborisclicet lib-tatis no orarent'adsertor, also wie Böcking schon hat: Favore scilicet libertatis, ne onerarentur adsertores.

§ 15. ad iudicem accipiund venirent, postea ū reversis dabat u t āt[1]) (autem) xxx (die trecisemo) iudex det' (daretur) p (perlegem) Pinariam factume (est) ante eam (āt) leg xxxx iim dabat' judex. So bei Studem., der zu den letzten Worten schreibt post alteram literam (le) gestati (ge-statim) scriptum fuisse, veri non est dissimile. Wenn die Lesart *statim* richtig ist,[2]) kann man vielleicht hieraus entnehmen, dass vor der Lex Pinaria nach der provocatio sacramento augenblicklich ein Richter gefragt und vom Praetor ein Tag bestimmt wurde, an welchem er ihn ernennen werde; aber nach der Lex Pinaria diese Ernennung des Richters nicht mehr bei dem ersten hierauffolgendem Erscheinen vor dem Praetor, sondern erst dreiszig Tage später statt fand, so dass drei Termine nöthig waren, der erste für die provocatio, der zweite für die Anfrage, der dritte endlich für die Ernennung des Richters.

Ibid. deinde cum ad iudicem venerant, antequam apud

---

macht hatte: man vermisst bei *favoris*, zumal nach dem die Vollständigkeit liebenden Style des Gajus, die nähere Bestimmung, wofür dieser Favor eingetreten sei. Zeits. für geschichtl. Rechtsw. XIII. S. 284.

1) Huschke, ganz unnöthig, *is dabatur.*

2) Einige lasen früher *nondum*, andere confestim, auch *statim.* Siehe *Karlowa* (Der Röm. Civilprozess zur Zeit der Legisactionen. Berlin 1872, S. 31), welcher diese Bestimmung aus einer allgemeinen Revision der Rechtspflege-einrichtung herleitet. a. a. S. 258.

eum causam perorarent, solebant breviter et quasi per indicem rem exponere: quae dicebatur causae *collectio* quasi causae suae in breve coactio. Diese Lesart, welche Heffter [1]) schon mit guten Gründen vertheidigte, ist durch Studem. bestätigt. *Causae conjectio*, welches Huschke und Andre in Schutz genommen, ist an und für sich weder verkehrt noch ungebräuchlich, stimmt jedoch weniger zur Erklärung die Gajus *causae in breve coactio* gibt (ein kurzes Resumé und Zusammenstellen der Thatsachen).

§ 16. *jus peregi* sicut vindictam imposui. So alle Ausgaben, obschon Heffter davon sagte: En formulam hactenus incognitam. Bei Stud. steht ganz deutlich *jus feci.*

Ibid. Similiter ego te xxxxx asses sacramenti nominabant. Göschen, Savigny und mit ihm lesen die meisten: similiter ego te *Seu L asses.* Bei Studem.: Simili ∓ eт ego (similiter et ego) Scil l a s s e s (scilicet asses) [2]) s a c r a m e n t i n o m i nābant. Um nämlich nicht das *D aeris sacramento te provoco* zu wiederholen sagt Gajus einfach, dass der Verklagte mit demselben Betrage wie der Kläger durch das sacramentum diesen herausforderte.

Ibid. deinde sequebantur quaecunque (si) in personam ageretur. Göschen. Böcking und Huschke: deinde eadem sequebantur quae cum in personam ageretur. Bei Stud.: d̄d̄ (deinde) adseq̄ʙᴀɴᴛᴜʀq̄c'q̄ in ꝑsona ageret'. *Adse-*

1) Dieser vergleicht recht hübsch die causae collectio mit der Vorlesung der Conclusionen in der französischen Praxis. Siehe L. 1. D. de R. J. (50. 17).

2) So findet sich *scill* für scilicet in dem Cod., u. a. bei Stud., S. 40 lin. 4. Man hat also aus *scil l* hier scil. L (scilicet L) asses gemacht.

quebantur wird als gutes Latein in dieser Bedeutung von Heffter vertheidigt. Von q̄c'q̄ sagt Stud. S. 290: „falso pro qc' id est quae cum."

§ 20. Sacramento aut per judicis postulationem agere. Besser bei Studem.: ā (aut) sacramento aut cet.

§ 21. de quibus ut ita ageRET' lege aql̄ia. Obschon diese Lesart durch Vieler Autorität und von Stud. unterstüzt wird, scheint sie mir wegen des nachfolgenden *velut judicati lege XII* unerträglich zu seien. Huschke hat sie ebenfalls, in Abweichung von seiner früheren Ansicht, in seinen späteren Ausgaben verworfen.

Ibid. quod tu mihi — damnatuses sestertium x milia quae *dolo malo* non solvisti. So die meisten früheren Ausgaben, und auch mir kommt diese Lesart, die das bei Studem. befindliche *doc* für d̄ m̄ (dolo malo) hält, als die wahrscheinlichste vor. Huschke's *eaque quando oportet* kann eben so wenig als die Conjectur Mommsen's *quae ad hoc* befriedigen; geschweige denn, dass zu sehr von dem C. abgewichen wird. *Ad hoc* wäre ein unnöthiger Zusatz gewesen.

§ 23. Set aliae leges in multis causis exqB' damsi constituerunt quasdam āones. So bei Studem. Huschke: Sed et aliae leges in multis causis, ex quibus (datae sunt in quosdam actiones) constituerunt quasdam actiones. Für so viele Worte hat die Lücke keinen Raum. Am wahrscheinlichsten ist die Meinung Savigny's, dass der Abschreiber das *in multis causis* aus der vorhergehenden Linie wiederholt hat, dass man also, wie es auch schon durchgängig geschieht, lesen muss: *sed aliae leges ex quibus dam causis* cet.

§ 24. *Cum in ipsa lege non sit.* Bei Studem.: cum Rin ipsa lege non sit; darum ist zu lesen: cum *res* [1]) in ipsa lege non sit. Gajus setzt gegen die *forma* der L. Furia, in welche man gewöhnlich das *pro judicato* einschob, das Gesetz selbst, in welcher *der Sache*, dass nämlich eine solche manus injectio hier statt finden solle, nicht erwähnt war.

§ 25. Sed postea lege xxxxxx excepto judicato cet. Böcking und Huschke *lege Valeria*, Andere *Aquilia*, *Villia*, *Velleja*, *Valgia*, *Varia.* Bei Studem. lege *Vallia.*

Ibid. nam et propter stipendium licebat militi ab eo qui *distribuebat.* So bei Studem. Niebuhr: aes tribuebat. Lachmann und Huschke: ab eo qui id iis tribuere debebat.

§ 28. item lege xxxxxxxx data est pignoris captio publicanis vectigalium publicorum populi Romani. Göschen sah in ... *toria* Plaetoria. Klenze las: *quoque Thoria.* Mommsen [2]) und nach ihm Böcking: lege Praediatoria. Die einzige Conjectur, die durch Studemund's Vergleichung bestätigt wird, *lege Censoria*, ist von Dirksen (Vers. zur Krit. und Ausleg. S. 132), mit welchem Heffter übereinstimmte.

§ 29. et ob id plerisque placebat, hanc quoque actionem legis actionem esse: quibusdam autem *non* placebat. Göschen. Andere: quibusdam autem placebat *legis actio-*

1) Für Res ist R das gewöhnliche Siglum.

2) Stadtrechte von Salpensa S. 474.

nem non esse. Bei Studem: quibusdam aT̄ (placebat). Wahrscheinlich stand ursprünglich alT d. h. *aliter.* [1])

§ 31. Tantum ex dua B' causis *p*ermissum ē. id legis aōnem facere lege agere. So bei Studem. Dass die Worte „id legis actionem facere" ein Glossem sind, ist sehr deutlich. Wie es entstanden, ist durch Huschke [2]) richtig nachgewiesen. Fast alle späteren Ausgaben haben es weggelassen.

Ibid. damni infecti, et si centumvirale iudicium fit xxx xxxxxxxx cum ad centumviros itur, ante lege agitur sacramento apud Praetorem urbanum vel peregrinum, propter damnum vero infectum nemo vult lege agere cet. Göschen. Heffter: et si centumvirale iudicium fuerit provocatum. Ideo cum ad centumviros itur, ante lege agitur sacramento apud Praetorem urbanum vel peregrinum *pro parte.* Damni vero infecti nemo vult lege agere. Böcking: damni infecti et si centumvirale iudicium fit per vindicationem, ideo qui ad centumviros it, ante lege agit sacramento apud praetorem urbanum vel peregrinum *pro re.* Huschke: damni infecti et si centumvirale iudicium fit proinde hodieque cum ad centumviros itur, ante lege agitur sacramento apud Practorem urbanum vel peregrinum *pro re.* [3]) Bei Stud. damNIINFecTIeTSIc̄virale

---

1) *Aliter* statt contra oder contrarium kömmt oft vor. S. u. a. L. 61. § 7. D. de Furt. (47. 2).

2) Studien. Th. I. S. 308.

3) Diese von Huschke versuchte Auflösung der P. R. ist mehr scharfsinnig als wahrscheinlich, da Gajus nirgends diesen Ausdruck gebraucht,

iudicIUMFURU (TP) xxx Saneqc'adcENT.VIROSIT aNTelegeaGit'sacramentoapUTPR.URBUpeREGRI NUMPR.damniveroINFECTINEMOVULT lege agere Man wird also wahrscheinlich lesen müssen: damni infecti et si centumvirale judicium *futurum est.* 1) Sane cum ad centumviros itur ante lege agitur sacramento apud Praetorem urb. vel peregr — *propter* damnum vero infectum nemo vult lege agere. Der Gegensatz bei Gajus ist dieser: in zwei Fällen nur war noch das lege agere zugelassen; zwischen beiden Fällen aber (sane) besteht dieser Unterschied, dass wohl bei dem centumvirale judicium von dieser Befugniss Gebrauch gemacht wird, niemand aber sich derselben bei dem damnum infectum bedient.

Ibid. sed potius stipulatione quae in edicto proposita est, obligat adversarium xxxxxx quod et commodius jus et plenius est. So Göschen und Böcking. Heffter und Huschke: sed potius stipulatione — obligat adversarium per magistratum. Bei Stud.: sed potius stipulatione q (quae) in edicto posita e obligat adversarium *suum* itaq eT commodius ius et pleniuse.

§ 34. Cumenim praetorio iure non legitimo succedat. Bei Studem.: Cum enim praetorio iure *es* (= is) non legitimo succedat.

Ibid. intendere sivio. So bei Studem. Wegen des vor-

---

wo er von den Attributen und Befugnissen des Praet. urb. und peregrinus oder des Praes. prov. handelt.

1) Initio fortasse, sagt Stud., *eeT* vel *est* scriptum erat.

hergehenden *aere* ist *dari* weggefallen, und also mit Böcking und Huschke zu lesen: intendere dari sibi oportere.

§ 36. Si quem hominem aā emit *is ei traditus* est. So bei Studem. Huschke [1]) verweist auf die Lex Julia Mun. II. v. 83. Qui pluribus in municipiis ... domicilium habebit et is Roma census erit. Durch das unmittelbar vorhergehende *it* (in emit) ist wahrscheinlich *et* vor *is* vergessen.

§ 37. UU si furtum peregr. ā c'eo agaTINFORMUla ita concipitur. Man lese: si furti [2]) *agat* peregrinus aut cum eo agatur. *Nam* formula ita concipitur. Böcking hat: aut cum eo agatur in formula [civitas Romana ei fingitur veluti si cum eo agatur, formula] ita concipitur. Huschke: veluti si furti nomine agat peregrinus aut cum eo agatur in (eum) formula ita concipitur.

Ibid. iudex esto. si paret (ope) consiliove Dionis xx Filii furtum factum esse paterae aureae quam ob rem si cet. Böcking: Si paret (ope) consiliove Dioni Civi Romano, verbi gratia Lucio Titio, furtum factum esse paterae aureae quam ob rem cet. Huschke: Si paret ope consilio Dionis Graeci (Lucio) Titio f. f. esse paterae aureae quam ob rem. Keine dieser Lesarten, noch die von andren vorgeschlagene, [3]) stimmen zu dem Texte von Studem.: Si paret comsiliove dIhoniser· mei filio cet. So zu lesen:

1) Das Recht der Publicianischen Klage. Stuttgart 1874. S. 5.

2) Böcking und Huschke: *furti nomine*, doch am Ende des § heisst es auch *furti agat*.

3) S. u. a. Heffter zur angeführten Stelle.

Si paret ope consiliove Dionis Hermaei filii. cet., welche letzteren Worte hier, wie Huschke bemerkte, hinzugefügt sind, weil *Dio* aufgehört hatte ein ausschliesslicher fremder Name zu sein, und mithin eine nähere Anweisung nöthig erschien. Doch ist m. E. hier in dem Texte, wie wir ihn vor uns haben, ein anderer und zwar wichtigerer Fehler verborgen. Es würde doch jedenfalls befremdemd sein, dass Gajus zur Erläuterung der fictitia formula einen Fremdling genommen hätte der Theilnehmer, und nicht einen solchen der den Diebstahl selbst begangen hätte. Darum glaube ich, dass er wirklich zwei Formeln aufgestellt hat (von welchen, nescio quo fato, der Abschreiber eine weggelassen hat), die eine gegen den Dieb selbst, die andre gegen den Theilnehmer, so dass die Stelle ursprünglich so gelautet haben muss: Si paret a Dione Hermaei filio furtum factum esse Lucio Titio, aut si paret ope consiliove Dionis Hermaei filio furtum factum esse. Wenn diese Vermuthung richtig ist, dann wird auch das Räthsel gelöst, warum im zweiten Formular der Name des Bestohlenen, der wohl im ersten genannt war, nicht mehr vorkommt. Warum aber Gajus zwei Formulare gebrauchte, ist sehr gut zu begreifen, wenn man bedenkt, dass er im Vorbeigehen zeigen wollte, wie die actio fictitia ausschliesslich aus Billigkeitsgründen gegeben wird (si modo justum sit eam actionem ad peregrinum extendi), und dass diese nicht weniger vorhanden sind wenn es den Theilnehmer als wenn es den Dieb selbst betrifft.

§ 38. nec directo intendere xxx dare eum eamve oportere. Böcking und Huschke lesen nun: directo intendere *licet*, obschon letzterer früher[1]) *possumus* vertheidigt hat. Bei Studem: N' directo *intendιp s i v i d a r e*, also: nec directo intendere possumus dare cet.

§ 40. Demonstratio est ea pars formulae, quae *praecipue ideo inseritur.* Göschen und Böcking. Heffter: *illic.* Huschke: ohne *praecipue*, ideo inseritur. Bei Studem.: Demonstratio est ea pars formulae q̄ p cip [ueιdιυN] se (RI) T' also: quae praecipue ideo illi inseritur.

§ 43. Item haec: judex Numerium Negidium Aulo Agerio dumtaxat (x milia) condemna: si non paret absolvito. item haec: judex, Numerium Negidium Aulo Agerio x milia condemnato et reliqua, ut *non adjiciatur: si non paret absolvito.* So Göschen und Heffter. Böcking und Huschke lesen die letzten Worte: item haec: judex N. N. A. A. condemnato et reliqua ut non adjiciatur Duntaxat x milia. Bei Studem.: item haec iudex N N A A d u n TaXANT7dEmNaSINPaRReTaBSolVITOIT haec iυd NNAAXm7demnaToeTReliquaυTNadicιaT'dT. Nach meiner Meinung ist diese Lesart, mit Beachtung der gegen sie angeführten Bedenken,[2]) wohl zu vertheidigen. Gajus gibt erst die allgemeine Bedeutung und das gewöhnliche Formular der condemnatio, fügt aber gleich die zwei möglichen Modificationen hinzu, da der Praetor durch Aufnahme der taxatio, die potestas condemnandi beschränkt; ein Unterschied welchen er in § 51 noch näher entwickelt.

---

1) Studien. S. 315.

2) Huschke, Gaj. S. 241.

§ 44. Demonstratio aT' (autem) et adjudicatio et condemnatio nuncq solae inveniunT'NN (nihil enim) omnino sine intentione ū 7 demnatione valet IT. condemnatio sine demonstratione ū inTenTIoneū adjudicatione nullas vires habeT obid num q solae inveniunT'.

Von diesem Satze sagt Bluhme [1]: Es ist als ob diese unglückliche Stelle keine Ruhe finden sollte, denn immer von Neuem emendirt, bleibt sie doch immer noch bestritten, und wider die Hoffnung von Bethmann-Hollweg [2]) bleibt hierüber noch stets Streit [3]. Das ist meiner Meinung nach nicht zu bezweifeln, dass *demonstratio* vor *sine intentione* weggefallen ist [4].

Die grosse Schwierigkeit besteht aber zunächst darin, dass Gajus, da er im Gegensatz von der intentio sagen will, dass die demonstratio, die condemnatio und die adjudicatio allein nicht bestehen können, nur die adjudicatio nicht erwähnt. Ausserdem könnte man dem angeführten Texte zufolge meinen, dass eine condemnatio mit einer adjudicatio genüge, da doch der unbestimmten adjudicatio (quantum adjudicari oportet — judex Titio adjudicato) nothwendig eine demonstratio vorhergehen muss. Doch vielleicht ist die Stelle ohne Veränderung des Textes zu erklären; denken wir daran, dass bei den judicia di-

1) Zeits. für Rechtsgesch. III. S. 457.

2) Civ. Process, II. S. 2?9 Not. 52.

3) Huschke, angef. Zeitschrift. Th. VII. S. 170.

4) Einige sehen in dem *omnino* einen Schreibfehler für demonstratio, m. E. sagt das *omnino* emphatisch: Die demonstratio, *dies ist selbstredend*, bedeutet nichts ohne intentio oder condemnatio.

visoria die formula einen gemischten Character hat, in so weit dem Richter nämlich einerseits die Befugniss gegeben ist, einem der Genossen das Eigenthum oder ein jus in re zuzuweisen, und andererseits diesen zu einer Geldzahlung zu verurtheilen. Die formula lautete deshalb: quantum alteri ab altero adjudicari, alterumve alteri condemnari oportet, tantum judex alteri ab altero adjudicato, tantumque alterum alteri condemnato [1]). In diesen Theilungsklagen hatte man also in der formula so zu sagen ein untheilbares Ganzes, welches aus einer condemnatio und einer adjudicatio bestand, und mit Rücksicht hierauf sagt Ulpian in L. 22. § 4. D. Fam. ercisc (X. II.): Familiae erciscundae judicium ex duobus constat, id est ex rebus atque praestationibus quae sunt personales actiones, und Justinian in § 20. I. de Act.: quaedam actiones mixtam causam obtinere videntur tam in rem quam in personam: qualis est familiae erciscundae actio cet. Bedenkt man nun dass es Gajus hier nicht darauf ankam eine genaue Zergliederung der partes formulae zu wiederholen, so kann er hinsichtlich der condemnatio dies gesagt haben: eine condemnatio ist nicht gültig ohne demonstratio oder intentio, oder auch zuweilen (nämlich bei den judicia divisoria) ohne adjudicatio, mit welcher sie untrennbar verbunden war. Aber auch grade wegen dieses untrennbaren Bandes kann er es für überflüssig gehalten haben, von der adjudicatio ausdrücklich zu sagen, dass sie nicht allein stehen kann.

---

1) Keller, Civ. Proc. S. 162, Not. 58. Rudorff. Röm. Rechtsg. II. 97.

Von allen Emendationsversuchen (falls man emendiren will) halte ich die für die glücklichste, die mit der geringsten Abweichung von der Handschrift liest [1]): item condemnatio sine demonstratione vel *adjudicatio* nullas vires habet. Die von v. Scheurl hinter *adjudicatio* eingeschobenen Worte halte ich, von seinem Standpuncte aus, für überflüssig. Man kann sie aus dem Vorhergehenden in Gedanken ergänzen.

Ibid. *habet ob id. Et* muss natürlich wiederholt und mithin mit Lachm. und anderen gelesen werden: *habet et ob id.*

§ 46. Si paret illum patronu ab illo patrono liverto contra edictum iilius p r in ius vocatum ee. So bei Stud. Unbestreitbar ist *patrono* ein Schreibfehler. Bethmann-Hollweg und nach ihm Böcking und Huschke lesen: si paret illum patronum ab illo (illius) patroni liberto. Letzterer sagt: non libertum esse, quicum agebatur, sufficiebat, sed ejus, qui agebat, libertum. Ganz richtig, aber wenn man sagt: si paret Titium patronum a Titio liberto in ius vocatum esse, so wird wohl jeder a liberto *suo* darunter verstehen. So sagt der Praetor in seinem Edict parentem, patronum (nicht suum) in ius sine permissu meo ne quis vocet L. 4 D de in ius voc (2. 4) und so in L. 25. D. eod: si sine venia edicti impetrata libertus patronum in ius vocavit.

Ibid. Contra eum qui exemerit eum qui in jus *vocatur* bei Studem. besser in ius *vocaretur*.

---

1) Von Scheurl. Beitr. I. S. 134.

§ 47. Quidquid ob eam rem N. N. A̲º A̲º dare facere oportet ex fide bona ejus; id judex N. N. A̲º A̲º condemnato xx: si non paret absolvito. Göschen. Böcking und Huschke: quidquid ob eam rem N. N. A̲º A̲º dare facere paret oportere ex fide bona, ejus, judex N. N. A̲º A̲º condemnato, nisi restituat S. N. P. A. Bei Stud. q̄ d q̄ d ob eam rem N̄. N̄. A' A d̄ f̄ c̄ ō [1]) ex fide bona ejus id. iud. N. N. A. A. condemnato N. R. S̄. N̄. P̄. Ā. (nisi restituat. [2]) si non paret absolve). Mit Huschke [3]) meine ich übrigens, dass man nicht *ex fide bona ejus id*, sondern *ex fide bona*, *ejus judex condemna*, lesen muss, obschon ich nicht mit ihm in *id* eine Sigle [4]) für *judex* sehe, sondern es für ein Glossem des Abschreibers halte, der das *ejus* zu ex fide bona zog, und meinte *id* einschieben zu müssen, um den Gegenstand der Verurtheilung anzuzeigen.

§ 48. ū u Fundum hominem vestem *argumentnm*. So bei Stud. Richtig lesen Böcking und Huschke nach *vestem*, *aurum*, *argentum*, zufolge II. § 13 und § 20; so vermuthete schon Heffter.

Ibid. judex N̄ ipsam REM condemnaT umcum q̊ actumē si CUT olim fieri solebat aestumata RE (*sed* aestimata re) pec N eum̄ (pecunia eum) condemnat.

---

1) S. Studem. S. 263.

2) Bekanntlich ist diese glückliche Lösung des N. R. Huschke zu verdanken. Stud. I. S. 316. Sav. Syst. V. S. 86. Not. I. Heffter sagte: quarum literarum significationem nondum perspexi.

3) Gajus, S. 234.

4) Dies Siglum für *judex* findet sich nicht im Codex Veronensis.

So bei Studemund, der die Lesart *sicut olim fieri solebat* gegen die von einigen Andern [1]) vorgeschlagene: *sed* ut olim fieri solebat, bestätigt. Huschke [2]) nämlich hat sehr deutlich, vorzüglich aus Gellius (20. 1) nachgewiesen, dass in der Zeit der legis actiones die Verurtheilung wirklich auf den eigentlichen Streitgegenstand (ipsam rem) gerichtet war, auf welche Verurtheilung dann, nach längerer oder kürzerer Zeit, ein besonderer Liquidationsprocess folgen musste, durch welchen man zu einer condemnatio pecuniaria kam; während später die Verurtheilung in eine Geldsumme, die ehemals ein unentbehrlicher Anhang des Urtheils über die Sache selbst war, nun gleich in die Formula aufgenommen wurde, so dass kein besonderer Liquidationsprocess mehr erforderlich oder möglich war.

§ 50. Certae pecuniae in ea formula qua certam pecuniam petimus. Bei Studem.: Certae pecuniae U.UT (velut) in ea form. cet.

§ 51. Est enim una cum aliqua praefinitione. Göschen. Huschke: est enim una, quae cum aliqua praefinitione *est*. Bei Stud.: ēx una quae^{c} aliqua p^{r}finitione. Nicht unwahrscheinlich ist die Lesart Böcking's: est enim *una quidem cum* cet.

Ibid. diversa est, quae infinita est. So Göschen und Huschke. Böcking: *sed* diversa est quae infinita est. Bei Stud.: *incertae* ETINFINIT (a e$_{x}$ I U T) ganz richtig. Die

1) U. A. Mayer ad Gaj. Instit. Comm. IV. § 48 (Tübingen 1853); ihn folgt Böcking.

2) Gajus. S. 167 e. s.

condemnatio incertae pecuniae, sagt Gajus, hat zweierlei Bedeutung: una (incerta) cum aliqua praefinitione: altera (incerta) sine praefinitione oder infinita.

§ 52. Neque majoris neque minoris summa *petita*. So Göschen und Andere. Huschke: neque maioris neque minoris summa petita *nummo* condemnet. Bei Studem.: neque minoris summa *posita* condemnet. *Posita* ist das richtige Wort für den in der Formula genannten Betrag, auf das *petitum* nämlich kam es nicht an.

§ 53. Si quis intentione plus complexus fuerit xxxxxxxx, rem perdit. Huschke: causa cadit *ideo*que rem perdit. Bei Stud.: *id est* rem perdit § 33. J. de Act., Gajus musste, da er zum ersten Male von dem *causa cadere* spricht, die Bedeutung dieses Ausdruckes erklären.

§ 53a. tollit electionem debitoris *quam is* habet obligationis jure. Bei Stud. q u i ς = *quamvis*.

§ 54. Velut potest heres, quantam partem petat in eo fundo quo de agitur nescius esse. Göschen. Böcking: velut si *heres* quantam partem petat in eo fundo, quo de agitur, pareat ipsius esse. Bei Studem.: U U T a l e s (talis) *quantam partem paret* in eo F U N D O q u o d a g I T U R a C T O R I S ee. So werden wir glücklich zu gleicher Zeit von einem verdrehten Satz und einen imaginirten Erben erlöst. Zuerst hat doch Gajus, wo er von einer actio in rem spricht, in der Regel die rei vindicatio im Auge, wenn er von ihr auch in der Definition (4. 3) einen allgemeineren Charakter angibt. Ausserdem, wenn an eine

1) S. die im Elvers' promtuarium, S. 650, angeführten Stellen.

hereditatis petitio gedacht wäre, würde die Formula nicht sein quantam partem paret *in eo fundo*, sondern vielmehr quantam partem paret in *ea hereditate* A^i A^i esse [1]), oder denkt man sich vielleicht die rei vindicatio als blos auf dem Erbrecht beruhend? aber dann ist es kaum zu begreifen, mit welcher Absicht ein Erbe genannt würde, da auch andern es freisteht eine incertae partis actio zu erheben, und nicht blos dem, der sich auf die Erbenqualität beruft. (Incertae partis vindicatio datur, si justa causa interveniat. L. 76. § 1. de Rei vind. (VI. I) Gajus.

§ 55. Nihil eum periclitari eumque ex integro agere posse quia xxxxxxxxxxxxxxxxxxxxxxxxx. Göschen. Huschke: quia cum re etiam antiqua (sic!) actio remanet. Andere wieder anders. Bei Studem.: quia *nihil videtur ante egisse* mit deutlicher Anspielung auf das qua de re semel actum erat de ea postea agi non potest. Gaj. 4. 107. 108.

§ 57. actoris quidem periculum nullum est, sed (et reus) cum iniquam formulam acceperit. Göschen und Andere. Bei Stud.: actoris q ā (quidem) periculum nullum ē sed iniquam formulam acceperit (zu lesen: sed *qui iniquam* f. a.) *Formulam accipere* wird nur von dem reus gesagt, der eine mehr oder weniger passive Rolle spielt, so dass die Ergänzung *et reus* überflüssig zu sein scheint. Vergl. 4. 163.

§ 59. nam *qui forte emerit*, so die früheren Ausgaben. Bei Stud. *ut qui.*

§ 60. aut si cui pugno mala percussa est,, in actione

---

1) Rudorff. Ed. perpet. S. 71.

injuriarum *esse aliam partem corporis* percussam sibi demonstraverit. So die früheren Herausgeber. Merkten sie nicht, dass wenn diese Lesart richtig ist, man nicht mit einem plus demonstrare, wovon hier gehandelt wird, sondern mit einem aliud pro alio zu thun hat? Darum ist allein richtig was sich bei Studem. findet: in actione injuriarum $\overline{\text{ET}}$ (*etiam*) aliam partem — percussam sibi.

Ibid. et in ea quidem formula, quae in ius concepta est, initio res de qua agitur, demonstretur tum designetur. So alle früheren Herausgeber, von welchen sich einige in allerlei Subtilitäten [1]) vertieften. Nun liest man bei Stud.: et in ea quidem formula q(ua)e in ius concepta est, initio R de q a agiT' *demonstra*TORIO$\overset{o}{m}$ (demonstratorio modo) designetur. Der Ausdruck *demonstratorius modus* findet sich meines Wissens nirgends; jedoch streitet er nicht gegen die Sprachgesetze und ist nicht ohne Analogie, und mit dieser Lesart verfällt das Befremdende einer besondern demonstratio und designatio, und man erlangt in den folgenden Worten *alio* modo res designatur einen richtigen Gegensatz.

Ibid. in ea vero, quae in factum concepta est xxxxxx xxxxxxxxxxxxxxxxxxxxxx res de qua agitur designetur cet. Göschen. Böcking: in ea vero quae in factum concepta est, statim initio intentionis *loco* cet. Huschke: in ea vero, quae in factum concepta est, statim initio *intentionis modo*. Heffter: in ea vero quae in factum concepta est

---

1) Richtig sagt Keller, Civ. Process § 39, Not. 443: „Designatio ist „weder für die Intentio der Fa in factum noch für Q. D. R. A. (qua de „re agitur) noch sonst specielles Kunstwort."

sine demonstratione ipsa intentione. Bei Studem.: in
o - d m ı
eamu q in FACTUM concep (xxx sio i o x I) NITI (O II x)
e i o
eNTIONI salIOm res de qua agIT' designetur. Studem. sagt von den Worten die auf *concept* folgen: de TAES-TATIMI' lectione cogitari posse videtur. Ist dies richtig, dann haben wir diese begreifliche Lesart: In ea vero quae in factum concepta est, *statim initio* [1]) *intentionis alio modo* res de qua agitur designetur. Gajus nämlich unterscheidet actiones in jus und in factum conceptas hierdurch, dass die ersteren rem de qua agitur designant, *demonstratorio* modo, d. h. durch eine besondere, der intentio vorhergehende demonstratio, die letzteren hingegen *alio modo*, d. h. ohne eine von der intentio abgesonderte demonstratio, mit einem Worte, bloss durch die Angabe der Thatsachen von welchen die Entscheidung abhängig ist.

§ 62. Sunt autem bonae fidei judicia haec: ex emto, vendito, locato, conducto, negotiorum gestorum, mandati, depositi, fiduciae, pro socio, tutelae xxxxxxxxxx. Göschen. Böcking und Huschke fügen, wegen § 28 I. de action., hinzu: pignoris dati, familiae erciscundae, communi dividundo, praescriptis verbis. Bei Studem.: SAT BF judicia haec exepTO locaTO Conducto NegoTIOR 'GESTORU MaNDaTI depositi FIdUCIae p socio TUTELac
r e m ?
PUaeU x daTI deposITI FIdUCIae pro socio TUTe-
v oe p ? ?
Lae pII xx eLIVR xx. Ich wage es nicht die hier

---

1) Man kann also *intentionis* mit alio modo, oder mit dem vorhergehenden *initio* verbinden, in welchem Falle Gajus hiermit andeutet, dass die designatio hier gleich mit der intentio anfängt.

befindliche Reihe der b. f. judicia aus der, welche in der angeführten Institutionenstelle Justinian's vorkömmt, zu ergänzen. Richtig haben Heffter und Schrader [1]) schon bemerkt, dass es sehr zweifelhaft ist, ob das jud. fam. erc. und comm. div. schon zu Gajus Zeiten b. f. waren. Wegen § 42 könnte man geneigt sein das Gegentheil anzunehmen, und was die actio praescriptis verb. quae de aestimato proponitur betrifft, so ist zu erinnern, dass diese wahrscheinlich späteren Ursprungs ist. L. I. D. de aestim. (19. 3). Und so ist es jedenfalls bemerkenswerth, dass Cicero in den Stellen [2]), in welchen er die arbitria in quibus additur ex fide bona aufzählt, die actiones depositi, commodati oder pigneratitia nicht erwähnt werden, eben so wenig die judicia divisoria, und noch weniger die actio praescriptis verbis, welche gewiss, was ihre vollständige Einrichtung betrifft, einer späteren Rechtsentwickelung angehört [3]).

§ 63. Judici xxxxxxxxxxxxxx compensationis rationem habere, xxxxxxxx formulae verbis praecipitur, sed quia id bonae fidei judicio conveniens videtur, id officio eius contineri creditur. Göschen. Böcking: In his quidem iudici nullo modo est praeceptum, invicem compensationis rationem habere, scil. ei hoc non ipsius formulae verbis praecipitur, sed quia id cet. Huschke: Judici tamen horum iudiciorum compensationis rationem habere non ipsis formulae verbis praecipitur, sed quia cet. Bei Stud.: TM

---

1) Ad § 28. J. de act.

2) De off. 3. 17. Topica c. 17. de Nat. Deorum 3. 30.

3) Ueber die Weglassung der actio Rei Uxoriae, die schon bei Cicero zu den freieren Klagen gehört, s. Huschke, Gajus, S. 172.

iudici NULLam omNINO INVICem COmPeNSaTIONIS
l o p as oe
RaTIONeM haBeRe NTR aRTae FORmuLae VerBIS pcIpIT' s' quia id B. F. iud' coNVeNIeNS VIdET' id officio cet. M. E. hat Gajus in der uns verlorenen Stelle mitgetheilt, dass auch dann, wenn der Verklagte bei dem Praetor sich nicht auf die Compensation berufen hat, und diese also nicht in der Formula erwähnt ist, daraus noch keineswegs folgt, dass der Richter wegen der Worte der Formula (quidquid dare facere oportet *si paret condemna*) gezwungen gewesen wäre, immer auf den vollen Betrag zu verurtheilen, ohne je auf die Gegenforderung eingehen zu dürfen. Vielmehr konnte er auch dann die Compensation — im gewissen Sinne ex officio — anwenden, wenn seines Erachtens hierfür Gründe vorhanden waren. Dem Sinne nach möchte ich auf diese Weise ergänzen: quamvis a reo compensatio opposita non fuerit, *non* tamen judici *nullam omnino* invicem compensationis rationem habere — formulae verbis praecipitur. Dann folgt § 64 der Gegensatz argentarius, nam is cogitur cum compensatione agere ut compensatio verbis formulae comprehendatur. Diese Vermuthung findet ihre Bestätigung darin, dass es nie zugleich wahr sein kann *judici nullam — compensationis rationem habere praecipitur* — und dass doch *id officio iudicis continetur*, da es ja nicht zur Pflicht des niederen Richters gehören kann, das Verbot des über ihm stehenden Praetors zu übertreten; so kömmt auch das *nullam omnino* zu seinem Rechte.

64. alia causa est illius actionis, qua argentarius ex-

peritur: nam is cogitur cum compensatione agere, cum compensatio verbis formulae comprehendatur. Göschen. Böcking und Andere: nam is cogitur cum compensatione agere; *id est* ut compensatio cet. Heffter und Huschke: *ita* ut cet. Bei Stud.: NAM is cogit' c' compensatione agere et ea compensatio verbis formulae ex'pmiT'.

Ibid. *itaque* argentarius ab initio compensatione facta. Göschen und Andere. Bei Studem.: adeo qd UT *itaque* — minus intendat, so zu lesen: *adeo ut argentarius.*

§ 65. ut in hoc solum adversarius condemnetur. Bei Stud.: ut in hoc solum adversarius e (c') = d. h. ei.

§ 66. inter compensationem autem quae argentario *interponitur.* Studem. bestätigt die Lesart Hugo's *opponitur.*

Ibid. Itaque si pecuniam petat bonorum emtor. Göschen. Böcking und Huschke: Itaque si *a Titio* pecuniam petat Bei Stud.: ITaq si U (o) pecuniam petat, vielleicht U C. = verbi causa. Warum die folgenden Worte *is debeat* sprachlich unerträglich [1]) sein sollen, kann ich nicht einsehen. Studem. bestätigt sie.

Ibid. deducto eo quanti id erit. Göschen. Böcking: deducto quanti id erit. Huschke: deducto a pecunia quanti id erit. Bei Studem.: deducto rORe (u) cet. Ob in den letzten Buchstaben aBeRe d. h. *a bonorum emtore* verborgen liegt?

§ 72. Praeterea tributoria quoque actio in patrem dominumve xxxxxxxxxxxxxxxxxxxxxx constituta est, cum filius servusve in peculiari merce sciente patre dominove nego-

1) Huschke, Gaj. S. 175.

tietur. Göschen. Huschke und Böcking: Praeterea tributoria quoque actio in patrem dominumve *Praetoris edicto de tabernae mercibus rebusve* constituta est cum filius servusve in peculiari quacunque (aliqua) merce cet. Bei Stud.: PTEREATRIUUTORiaqq actio in paTRem dominumve constituta e c'filius servusve in peculiari qopTIO [1]) merce sciente patre dominove negoTieT'.

§ 74. sed nemo tam stultus erit, ut qui aliqua illarum actionum sine dubio solidum consequi possit, in difficultatem se deducat, probandi in rem patris dominive versum esse vel habere filium servumve peculium et tantum habere ut solidum sibi solvi possit. So die früheren Ausgaben nach § 5. I. quod cum eo (4. 7.) Bei Studem.: sed nemo tam stultus erit ut qui aliq illa R·aonum sine dubio solidum consequi p'∻iTU (vel) in difficultatem se deducat pBandi habere pecul eum cumquo contraxerit exque eo peculio p'se sibi satisfieri U (vel) id q p sequitur in R patris dominive versum ee.

Ibid. maximam vero partem in praediis vel in aliis rebus habere. So wieder die Herausgeber in Nachfolge der angeführten Institutionenstelle. Bei Stud. aber: maximam U (vero) partem peculi in aliis rebus habere.

Ibid. potest adprobare id, quod xxxxxxxxxxx in rem patris dominive versum esse. Göschen. Böcking und Huschke: Longe magis, si potest adprobari id quod *debeatur*, totum in rem patris cet. Bei Studem.: longe

---

1) Vielleicht ist *forte* zu lesen 4. 74 „et potest quisque tertia *forte*" parte peculii negotiari.

m̄ ḡ (magis) s̄i p̄ · adprobari *id q contraxit* cet. (s. den angeführten § 5 der Institutionen). Nach *id quod* ist *totum* überflüssig.

§ 75. Ex *maleficio filiorum familias:* so bei Stüdem. Die Herausgeber ex *maleficiis*, und ebenso in pr. I. de nox act. (4. 8.)

§ 76. aut legibus aut edicto. Bei Studem.: aut edicto p̄r̄ (praetoris).

Ibid. damni injuriae lege Aq. Bei Studem.: damni injuriae *velut.*

§ 77. *noxales actiones caput sequuntur.* So die früheren Herausgeber, ausser Heffter, der *capita* liest, und dessen Lesart von Studem. bestätigt wird. Sie erklärt sich leicht daraus, dass zu Gajus Zeit die noxae deditio ohne Zweifel noch den filiusfam. traf, was später nicht mehr geschah. [1]) Also auch § 5 I. de nox act. *omnis noxalis actio*, bei Gajus *omnes noxales actiones.*

§ 78. nulla actio nascitur — nulla enim omnino — obligatio nascitur. Bei Studem.: nulla enim omnino obligatio — nasci *potest.* So auch in § 6 I. t. l.

§ 79. Sabinus et Cassius ceterique nostrae scholae auctores sufficere unam mancipationem crediderunt; tres enim lege XII tabularum ad voluntarias mancipationes pertinere. So Göschen. Lachmann und Huschke: sufficere unam mancipationem (putant) crediderunt enim tres lege XII tab. Bei Stud.: NOSTRaescholaeauctoR℞ suf-

---

1) Nova autem hominum conversatio hujusmodi asperitatem recte respuendam esse existimavit. § 7 I. de nox act. (4. 8.)

ficere unam mancipationem crediderunt eT illam (illas) tres leg XII Tab · ad voluntarias mancipationes pertinere.

§ 80. Haec ita de his personis quae in potestate (sunt) sive ex contractu sive ex maleficio earum controversia esset: quod vero ad eas personas, quae in manu mancipiove sunt ·xxxxxxxxxxxxxxxxx ex contractu earum ageretur, nisi ab eo, cujus iuri subjectae sint, in solidum defendantur, bona, quae earum futura forent, si ejus juri subjectae non essent, veneunt. sed cum xxxxxxxxxxx imperio continenti judicio.

— — — — — — — — —

— — — — — — — enim — — — — — —

— — — — —

Böcking: Haec ita de his personis quae in potestate (sunt) sive ex contractu sive ex maleficio earum controversia esset: quod vero ad eas personas quae in manu mancipiove sunt, *ita ius dicitur*, ut cum ex contractu earum ageretur, nisi ab eo cujus iuri subjectae sint, in solidum defendantur, bona quae earum futüra forent, si ejus iuri subjectae non essent, veneant, sed cum *rescissa* capitis deminutione imperio continenti iudicio. Huschke fährt fort: agitur, etiam cum ipsa muliere quae in manu est, agi potest, quia tum tutoris auctoritas necessaria non est. Von Scheurl [1]) schlägt vor, statt des von Huschke vorgeschlagenen: *ita ius dicitur*, zu lesen: *de illis placuit ut cum.* Bei Stud.: haec ita de his psonis q̄ in

1) Beitr. I. S. 274.

potestate sive (sunt sive) ex contra [cTUSIVeexc xxx le-
ce oı o e
fi'cioeaR·INOm ISIaeeTqvad] (x a x) p sonas q in
manu mcipiove s ita ius dici T' ut cum [ex] (o IIIIIIIIIIII
ı i
(II a) cTUeaRageReT' nisi ab eo cui IURIsubiecTae
er
sinT in solidum defendaNT' BONaqeaRF x.
i e c
(TU) RaFOReNT (sico) iuResubiecTaeNecNTUe
e i e a oc s T
NIaN sed cum RCISS (IPNPII) simpeRIOCONTINeN
u c
(T'II) Ud (x c) agIT.

Was nun diese nicht leicht zu lesende Stelle betrifft, bezweifle ich die Richtigkeit der von allen Herausgebern im Anfang des § aufgenommenen Lesart *ex* contractu — *ex* maleficio earum *controversia* esset. Erstens, weil sie wenig zu den Buchstaben passt (INOmISIa), und ausserdem, weil der Ausdruck *contro*versia est *ex*, statt *de* contractu, nicht nur ein ungewöhnlicher, sondern auch ein unrichtiger sein würde. Denn *ex contractu controversia* lässt voraussetzen dass die Existenz des Vertrags ausser allem Zweifel, und nur über das quantum oder das quale gestritten wird; da doch derjenige der wegen Handlungen seiner Machtunterworfenen verklagt wird, wohl einmal die Existenz des Contracts negiren oder bestreiten könnte. Darum meine ich lesen zu müssen: sive ex contractu sive ex maleficio earum in *alios actio esset*.[1]) wie in den gleich folgendem Worte: *cum ex contractu earum ageretur*, das vom Standpuncte des Klägers ganz richtig ist. Die letzten von Huschke ergänzten Worte und

---

1) Die Sigle A für actio findet sich öfter, Studem. S. 177. lin. 9.

seine Darstelluug [1]) beruhen auf einer jedenfalls richtigen Basis in Betreff des Princips, dass Personen in manu und in mancipio sich nicht obligiren können, und des Unterschieds bei Frauen zwischen de iudicia legitima und de imperio continentia. [2]) Doch seine Lesart scheint zu gewagt, und seine Erklärung des im Anfange des § befindlichen *mancipiove* zu gekünstelt zu sein.

§ 82. Nunc admonendi sumus agere posse quemlibet aut suo nomine aut alieno velut. Bei Studem.: Nunc admonendi sumus *age* (agere) *nos* aut nostro N o m a (nomine aut) alieno veluti.

Ibid. cum olim, quamdiu xxxxxx legis actiones in usu fuissent, alterius nomine agere non liceret, nisi pro populo et libertatis causa: Göschen. Lachmann: Cum olim, quo tempore erant legis actiones, in usu *fuisset*, alterius nomine agere *non licere.* [3]) Böcking: cum olim quamdiu quidem legis actiones in usu fuissent, alterius nomine agere non liceret (nisi) pro populo et libertatis causa. Bei Stud.: cum olim quo tempore legis a ones in usu fuissent alieno N o m agere N l i c e R e T p r o p e q excep T I S C, vielleicht so zu lesen: *praeterquam exceptis causis.* Gajus kann eben so wie die übrigen in den Institutionen ge-

1) Gajus. S. 175.

2) Ulpian. XI. 27.

3) Diese gewiss unannehmbare Conjectur könnte eine Stütze finden in pr. I. de iis per quos agere poss (4. 10). "Cum olim in *usu fuisset*, alterius nomine agere non *posse*." Diese Stelle ist aber verdorben, weil man meinte dass einige Wörter, die bei Gajus vorkamen, weggelassen werden müssten.

nannten Ausnahmen auch die *pro populo* weggelassen haben.

§ 83. adversarius ita quando tu a me fundum petis. Göschen und Heffter. Böcking und Huschke: *quandoque tu a me* cet. Man meinte dass im Codex *qa*₀ stände. Bei Stud. lesen wir aber in beiden Formeln deutlich q̄a, die gewöhnliche Sigle für *quia*, das obschon weniger gebräuchlich, keinesweges unmöglich ist, da die Römer in der Formel sich einige Abwechselung erlaubten, wo es der Deutlichkeit unbeschadet geschehen konnte; so wird z. B. *quod* und *quando* vom Kläger oder dem Magistrate promiscue gebraucht.

§ 84. Procurator vero nullis certis verbis *in litem constituitur*. Göschen. Böcking und Huschke: *substituitur*. So auch bei Studem.

Ibid. sunt qui putant *vel eum* procuratorem videri. So die meisten. Heffter: *adeo eum* procuratorem videri. Bei Stud.: squi putant eum q q (quoque) cet.

Ibid. igitur etsi *non habeat mandatum* agere tamen posse, quia saepe mandatum initio litis in obscuro est, et postea apud judicem ostenditur. Göschen und Heffter. Lachmann und Böcking: igitur etsi *non edat* mandatum cet. Huschke: Igitur etsi *non edat mandatum plerumque* tamen admittitur. Diese Lesart ist nicht nur willkürlich, sondern auch augenscheinlich unrichtig. Dies wäre nämlich Gaius Ideengang: „auch der dem kein Auftrag gegeben ist, kann als procurator auftreten, wenn er Sicherheit leistet; *darum* wird derjenige, der *keinen Auftrag hat*, als procurator zugelassen, obschon er den *Auftrag* nicht beweist," als ob es möglich wäre, dass derjenige, welcher keinen Auftrag hat, den Auftrag darthun könnte. Und dann noch: weil initio litis das mandatum in obscuro est, wird man als Mandatar beim *Praetor* zugelassen. Wäre nicht die entgegengesetzte Schlussfolgerung viel logischer gewesen? Doch man beruhige sich: Gajus liess sich diese ihm aufgedrungene Ungereimtheit nicht zu Schulden kommen. Bei Stud. lesen wir: eum procuratorem videri, cui non sit mandatum — et caveat, ratam rem dominum habiturum qq. et illae (quamquam et ille) *cui mandatum pleR'q* satisdare debet quia cet. Nun ist alles klar und deutlich. Erst wird gesagt, dass auch ein voluntarius procurator vor Gericht auftreten kann, unter der Bedingung der Sicherheitsleistung, obschon — wird hinzugefügt — diese Sicherheitsleistung nicht nur da verlangt wird, wo kein Auftrag ertheilt ist, sondern auch dann wenn dieser gegeben ist, weil hiervon oft der Beweis nicht gleich, sondern erst später beim Judex geliefert werden kann, und dies vorläufig nicht genügt. [1])

§ 88. vel hic qui agit, satisdare (cogitur). Göschen. Böcking: satisdare debeat. Huschke: cogatur satisdare, Igitur. Bei Stud.: u (vel) hic q́ agat satisdare igi T' si

---

1) Fragm. Vatic § 333. Absentis procuratorem satisdare debere de rato habendo, recte responsum est. Multis enim casibus ignorantibus nobis mandatum solvi potest vel revocato mandato. Cum autem certum est, mandatum perseverare, id est cum praesens est dominus, dationis necessitas cessat. Consult. 3. 2. sed nec judices sine verecundia et turpitudine erunt qui personam in ipso litis initio non inquisierunt, sicut est legum, nec fecerunt, ut satisdationem daret procurator, quod et consuetudinis est et revera legaliter observatur.

verbi gratia. Das *igitur si verbi gratia* halte ich mit Hugo und Heffter für verdächtig, und es ist sehr wahrscheinlich, dass der Abschreiber einfach *igitur* statt *cogitur* gelesen hat.

§ 88. Sacramento enim reum provocamus eaque sponsio sestertiorum cxxv nummorum fieri solet propter legem xxxxxxxxx Göschen. Lachmann und Böcking: eaque sponsio sestertiorum cxxv nummorum fit, scil. propter legem ———— Huschke: Sacramento inde (quingenario) reo provocato, eaque sponsio sestertiorum cxxv nummorum fieri solet propter legem — — — Bei Stud.: Sacram̄ T O [N R e] R e p U O C a (T U) e a q sponsio ss CXXV N U m m̄ F [I T S o l e T] P̄P̄ legem C R e p e R I a m.[1]) Im Anfange ist zu lesen: *sacramento enim reus* provocatur.

§ 109. Ex lege *Aquilia* vel *Ovinia.* Göschen und Heffter. Huschke: ex lege Aquilia vel Publilia. Bei Stud.: ex lege a q lia u *oll*inia, eine Lesart, die wahrscheinlich nicht die ursprüngliche war, da wie H. richtig bemerkt, Gajus ein Gesetz, von welchem er noch nicht gehandelt hat, nicht zum Beispiel angeführt haben würde.

§ 111. Aliquando tamen praetoriae actiones imitantur ius legitimum: quales sunt eae, quas bonorum possesso-

---

1) Huschke schreibt hier: Nunc vix dubito, id quod in C conspicitur, corrupte esse scriptum pro lege iūl papiriam quae lex a 324 etiam hoc videtur sanxisse, ne sacramentum rei, qua de ageretur, summam excederet, und beruft sich auf Cic. de Rep. 2. 35. Livius 4. 30. An beiden Stellen ist aber die Rede von der mulctae aestimatio, die mit unserem Gegenstande kaum etwas gemein hat. Rudorff (Zeitschr. für Rechtsges. XI S. 70 und Krüger (Versuche, S. 70 not. 2) sind für die Lesart creperiam.

ribus ceterisque qui heredis loco sunt accomodat, furti quoque. cet. Göschen. Heffter: Aliquando tamen *Praetor in actionibus* imitatur ius legitimum: quales sunt eae, quas bonorum possessoribus ceterisque qui heredis loco sunt accomodat. Böcking: Aliquando tamen imitatur jus legitimum: quales sunt eae quas Praetor *bonorum possessoribus* ceterisque qui heredis loco sunt accomodat. Huschke [1]): aliquando tamen *has quoque perpetuo* dat velut quibus imitatur ius legitimum, quales sunt eae quas bonorum possessoribus ceterisque qui heredis loco sunt accomodat. Diese Conjectur, wie scharfsinnig sie auch ist, entfernt sich zu sehr von der Handschrift, um sie für richtig halten zu können. Bei Studem. liest man: aliquan doT (m xx p) ——————— [dIIs] imiTa Tius legiTImum quales se aequ(as) — [s]

soribus ceterisquae q h dis loco

(qUUeeIICIxxxIIIasxxII) TIqq m̄ fesTIaō. Ich vermuthe dass wir lesen müssen: Aliquando tamen Praetor quibusdam actionibus dandis (dIIs) imitatur ius legitimum, quales sunt eae quas bonorum possessoribus ceterisque qui heredis loco constituuntur [2]) ex edicto (eeIICI) dare solet: furti quoque manifesto actio, cet.

Ibid. et merito, cum pro capitali poena pecuniaria constituta sit. Huschke: cum *tantum* pro capitali poena. cet. Bei Stud.: C' (cum) pro capitali poena. cet., welche Worte vollkommen begründet sind, da sie andeuten, dass,

1) Zeits. für Gesch. Rechtswissenschaft, Th. 13. S. 314.

2) Wegen des vorhergehenden *Co* in *loco* konnte das *con* von *constituuntur* weggelassen sein.

während man die Strafe gegen den Dieb schon so sehr herabgesetzt hatte, dass statt des Todes oder der Sclaverei nur eine Geldbusse angedroht ist, es ungereimt gewesen wäre, die Klage auf die kurze Zeit eines Jahres zu beschränken. [1])

§ 112. ex maleficiis actiones poenales actiones in heredem nec competere xxxxxxxxxx veluti furti, cet. Göschen und Böcking. Huschke ergänzt: nec a Praetore dari. Bei Stud.: nec competere N dari sol xxx = nec dari solere.

Ibid. sed heredibus actoris hujusmodi actiones competunt. Göschen. Böcking und Huschke: sed heredibus *defuncti* actoris. Bei Stud.: s h di xxx d e m (o r über m) (= sed heredibus quidem) *videlicet* actoris.

§ 113. nam adstipulatoris heres non habet actionem *et* sponsoris et fidepromissoris heres non tenetur. So Göschen und Andere. Huschke: *contra* non tenetur, was unrichtig ist. Das contrarium von non habet actionem sollte *tenetur* sein müssen. Bei Stud.: adstipulatoris heres N̄ havet actionem (s c i s p o) (t i über c i) soris e T F p (p r über F p) h̄ N̄ senetur: so zu lesen: *sic et sponsoris* et fidepromissoris heres non tenetur.

§ 114. *omnia judicia absolutoria esse*

xx de bone fidei s i ū d a T I I d e m s c N T I U N T q a I N c' modi iudiciis libe R' c officium iudicis TANTUMdem (c I c c) (c über I) xx de rem aonibus pūTANT. So bei Stud., der von der ganzen pag. sagt: paulo plura fortasse expiscabitur, cui meliora

1) Siehe Theophilus ad pr. I. de perpet. et temp. act. (4. 12).

medicamenta adhibere licebit. Die Restitutionsversuche Huschke's sind nur Willkür.

§ 116. nihilominus *id ipsum a* te petere possum dare mihi oportere, quia obligatio pacto convento non tollitur. So Göschen. Böcking und Huschke: nihilominus id *ipso iure* a te petere possum. Bei Studem. eben so wie Göschen gelesen, und diese Lesart ist keinesweges so sinnlos wie Huschke behauptet. [1]) Der Jurist betont, dass wenn ich versprochen habe, dass ich das was du mir schuldig bist, nicht fordern werde (ne *id* quod mihi debes), so kann ich dennoch was ich versprochen habe nicht zu fordern (id ipsum) mit der intentio dari oportere einklagen, da ungeachtet des pactum die obligatio bestehen bleibt.

§ 117. dolo induxeris, ut tibi rem aliquam mancipio darem xxxx si x eam rem a me petas. Göschen. Böcking: (ganz verkehrt, da es hier eine actio in rem betrifft) dolo induxeris ut tibi rem aliquam mancipio dare *promitterem*. Huschke: aut dolo induxeris ut tibi rem aliquam *mancipi* mancipio darem eam (que) rem a me petas. Auch diese Lesart ist unbegründet, wenn man mit den Meisten, und mit Recht annimmt, dass nur eine res mancipi der Gegenstand einer mancipatio sein konnte. Bei Stud. heisst es: $\bar{a}$ (aut) dolo induxeris ut tibi rem $\overset{a}{\text{aliq}}$ mancipio dem $\overset{e}{\text{I}}$NA$\overset{q}{\text{N}}$SIN-EAMRomamepeTAS. so zu lesen: aut dolo induxeris ut tibi rem aliquam mancipio *darem* (*de* kömmt wiederholt als Siglum für *dare* im God. vor) *nam* si eam rem a me petas. cet.

---

1) Zeits. für Gesch. Rechtsw. XIII. S. 314.

§ 119. Omnes autem exceptiones in contrarium concipiuntur, *quia* adfirmat is cum quo agitur. Göschen. Heffter, Böcking und Huschke: in contrarium concipiuntur, *quam* adfirmat is cet. Bei Studem.: q (*quia*) adfirmat, welcher Lesart ich, der Latinität wegen, den Vorzug gebe.

Heffter fragt, quo modo dici poterat: quia reus, quod in exceptionem deducit, adfirmat, ideo exceptionem in contrarium concipiendam? Ich nehme das *quia* in dieser Bedeutung auf: weil der Verklagte eine Thatsache vorbringt (adfirmat), welche ihn, wenn sie als wahr angenommen wird, von der Verurtheilung befreien kann oder muss, so folgt hieraus, dass der Praetor, der dem Judex die Macht ertheilt, die Formel so einzurichten hat, dass die Verurtheilung nur unter der verneinenden Bedingung stattfinden kann, dass *nicht* wahr ist, was der reus behauptet.

§ 121. Item pacti conventi quo *pactum* est Göschen. Böcking und Huschke: quod *factum* est. Bei Studem.: quod *pactum* est, eine Lesart die, wie Heffter bemerkte, bestätigt wird von Theophilus (§ 9 I. de exc. 4. 13) *ἡ τοῦ πάκτου ἡνίκα πακτεύσω.*

§ 122. quae ad tempus *nocent*. So alle Ausgaben und § 10 I. de except. Bei Studem.: quae ad tempus *valent*, wie im vorigen §. Bedenken wir, dass die exceptiones comparatae sunt defendendorum eorum gratia cum quibus agitur, ist *valent* logischer als *nocent*, obschon auch letzteres sich bei Gajus findet.

Ibid. ut ad alios judices x xxxx. Göschen. Bluhme und Böcking: ut ad alios judices *eant*. Heffter und Huschke:

ut ad alios judices *agantur.* Bei Studem.: ut ad alios iudices e^{c}GANT. Man lese *ut apud alios judices agantur.* Meines Wissens sagt man nie *ad*, sondern *apud* judices, Praetorem, recuperatores agitur. Siehe z. B. Gajus 4. 31. 73. 166.

§ 125. *semper* peremtoria quidem exceptio nocet, ideoque si reus ea non fuerit usus, in integrum restituitur *recuperandae* exceptionis gratia. Göschen. Heffter: semper peremtoria quidem exceptio nocet: itaque reo, si ea non fuerit usus in integrum restitutio datur, servandae exceptionis gratia.

Die Ergänzung *per errorem* bestätigt Huschke. Bei Studem.: sempempTORIaqd (sed peremtoria quidem) exceptione si REus pERRORe (per errorem) non fuit usus in integrum restituitur adicieNdae exceptionis gra (gratia).

Ibid. quiá per eam replicatur atque resolvitur vis exceptionis. So bei Studem., in den Institution (pr. de replic 4. 13.) und bei Theophilus. Göschen und Heffter lesen *ius* exceptionis.

Ibid. ut eam pecuniam petere liceret. Bei Stud.: m (mihi) petere liceret.

§ 126[a]. Item si argentarius pretium rei quae in auctione venierit, persequatur, objicitur ei exceptio, ut ita demum emtor damnetur, si ei res, quam emerit, tradita sit, quae quidem est iusta exceptio. So Göschen, Heffter, Böcking. Bei Studem.: item si argentarius p tium rei quae in auctionem venerit p se qua T'obiciTR ei exceptio ut ita demum emtor damneT' si ei res quam emerit TradiTa

_e l .
esтe iusta exceptio. Also meine ich, dass Huschke's Lesart: si argentarius pretium — persequatur *et* objiciatur ei exceptio — si ei res quam emerit, tradita est, *est ea* justa exceptio, grösstentheils richtig ist.

Ibid. *aut si praedictum est ne aliter* cet. Das *aut si* von Heffter und Huschke [1]) gründlich vertheidigt, bestätigt jetzt Stud. Göschen: *nisi* praedictum est.

§ 131. futuram vero obligationis praestationem *in integro* relinquere. *In integro* für *incerto*, diese Conjectur Martinus van der Hoeven's [2]), die Rudorff [3]) argumentirte, Huschke annahm, ist jetzt durch Stud. von jeglichem Zweifel befreit.

Ibid. totam obligationem, id est etiam futuram in hoc iudicium deducimus et xxxxxxx — — — — — — — — — — — xxxxxxxxxxxxxxxxxxxxxxxxxxxxx. Heffter ergänzt diese Lücke: et quantumvis in obligatione fuerit, tamen id solum consequimur, quod litis contestatae tempore oportet, ideoque removemur postea agere volentes. Dies ist insofern ganz richtig, als Gajus zeigen musste, wie für die folgenden Zieler, litis-consumtio wirkt, während die Verurtheilnng nur auf das Verfallene gehen kann. Doch die Handschrift gönnt für diese ausfürliche Ergänzung keinen Raum. Huschke liest: quia per litis contestationem consumitur, nulla nobis actio superest, si postea de reliqua praestatione agere velimus: eine Lesart, die nichts weniger als

---

1) Zeits. für Gesch. Rechtsw. XIII. S. 315. u. ff.

2) Zeits. für Rechtsges. VII. S. 259.

3) Lexic. Excerpte. S. 345.

die Heffter's vom Codex abweicht, aber nicht so sehr die wirkliche Gefahr der incerta intentio zeigt. Nun bei Studem.: et $\bar{q}$ ANTETEPUS OBLIGAT xxxxxxx m x NS — (l xx qFIC)
[p c xx a] p missa $\overset{p}{R}$ e
[IIIU..... III..., welches vielleicht so zu lesen ist: et quae ante tempus obligatio in iudicium fuit deducta, consumta est, quo fit, ut postea permissum non sit de eadem re denuo agere: nach meiner Conjectur will Gajus mit dem *ante tempus obligatio in jud. deducta* sagen, dass der Richter, obschon die incerta intentio mit *quid quid d. f. oportet* gebraucht ist, doch nicht über den Betrag des augenblicklich schon zahlbaren verurtheilen darf, so dass der Kläger, obschon ihm nur ein Theil durch das Urtheil zuerkannt ist, weil der übrigen dies nondum venerat, dennoch, was die übrigen Zieler betrifft, wegen der lit. consumtio jeglichen Rechtsmittels verlustig ist.

Ibid. Item si verbi gratia ex empto agamus, ut nobis fundus mancipio detur, debemus ita praescribere: ea res agatur de fundo mancipando: ut postea si velimus vacuam possessionem nobis tradi, de tradenda — — — — — — — — xxxxxxx totius illius iuris obligatio, ita concepta actione: quidquid ob eam rem Numerium Negidium Aulo Agerio dare facere oportet, per intentionem consumitur ut postea agere nobis volentibus de vacua possessione tradenda nulla supersit actio. Göschen, Böcking und Huschke: ut postea, si velimus vacuam possessionem nobis tradi de tradenda ea vel ex stipulatu vel ex emto agere possimus; [1]) nam si non praescribimus, totius illius

1) Beinahe so schon Heffter.

iuris obligatio, *illa incerta actione* per *litis contestationem* consumitur. cet. Lachmann lässt hinter *agere possimus* statt *si non* praescribimus folgen *alioqin protinus.* Bei Studem. Item si verbi gra ex emto agamus xx nobis fundu x mancipio deт' debemus xxxx p scribere ea res agaт' de fundo mcipando uт p' тea si velimus uacuam possessionem nobis тradix тradexxl [iu. si.....]ue[...epiea..u...iublisn.ps] re sumus totius illius iuris obligatio illa incxxтaao ne quidquid ob eam rem nnaaofo (rciiia) itione consumiт' uтp' тea nobis agere volentibus de vacua p'sessione тradenda nulla supsiт ao. Meiner Meinung nach ist so zu lesen: Item si verbi gratia ex emto agamus, *ut* nobis fundus mancipio detur, debemus *ante formulam* [1]) praescribere: ea res agatur de fundo mancipando, ut postea si velimus vacuam possessionem nobis tradi, contra [2]) venditorem *agere possimus eadem* actione [3]) alioquin si non praescribimus totius illius

---

1) Die Ergänzung *ante formulam* passt zur Zahl der fehlenden Buchstaben, und zu dem was in § 132 gesagt wird: Praescriptiones autem appellatas esse ab eo, quod *ante formulas praescribuntur*, plus quam manifestum est. Ergänzt man nicht auf diese Weise, dann hätte Gajus nirgends früher gesagt, dass die praescriptio ante formulam gestellt wird.

2) Von dem *de Trade* (x тrade xx i) der früheren Ausgaben sagt Studem. post 29am literam vel C (und dann hat man unser Contra) vel o vel q vel similis aliqua litera nullo modo *de.*

3) D. h. ohne Gefahr der Exceptio rei in iudicium deductae. Darum kann ich schwerlich das von den Meisten aufgenommene: Ex *stipulatu vel ex emto* agere, billigen, da hierdurch nicht deutlich genug gesagt wird, dass

iuris obligatio illa incerta actione, quidquid ob eam rem Numerium Negidium Aulo Agerio dare facere oporteret *per intentionem* consumitur, ut postea nobis agere volentibus de vacua possessione tradenda nulla supersit actio.

§ 133. Sicut supra quoque *diximus*, Göschen und Heffter. Lachmann, Böcking und Huschke: sicut supra quoque indicavimus. Bei Stud.: Sicut supra q̄q (quoque) *notavimus*, ein Wort, welches, in so weit ich mich erinnere, sich weiter bei Gajus nicht findet.

§ 134. intentione formulae determinatur *is cui* dari oportet. Bei Stud.: TIONE FORMUlae deT ———

——— īe cui dari oporTeT.

Ibid. at in praescriptione de *pacto* quaeritur. Die Vermuthung Savigny's de *facto*, obschon nicht unwahrscheinlich und von Huschke gebilligt, wird von Stud. nicht bestätigt. De *pacto* ist ubrigens sehr gut zu vertheidigen, wenn man das Wort in der allgemeinen Bedeutung von Vertrag auffasst, und nicht mit Einigen an ein pactum adjectum denkt. Der Jurist würde dann sagen: das *dari oportet* kann nur den erwerbenden dominus betreffen, aber die *praescriptio* ist zuweilen erforderlich mit Bezugnahme auf das Subject selbst das gehandelt oder bedungen hat, um demgemäss einige Rechtsfolgen zu beurtheilen. Siehe § 2 I. de Stip. Serv. (3 Tit. 18).

§ 136. Ut praescriptio inserta sit formulae loco de-

---

die *eadem actio* nicht schadet, wenn man sich nur der praescriptio bedient hat. Das *eadem actione agere* findet sich häufig, u. a. bei Ulpian in L. 5. D. de Exc. rei iud. (44. 2.)

monstrationis, hoc modo: judex esto. Quod Aulus Agerius de Numerio Negidio incertum stipulatus est, cuius rei dies fuit. So Göschen und Andere. Bei Stud.: uT praescriptio inserTa sit Formula loco demonstrationis hoc m ie (judex esto) q aa de NNI ceRTesTIpem cUI ReIdIes Fuit, woraus Huschke, dem Böcking und Andere folgen, gemacht hat: incertum stipulatus est *modo* cuius rei dies fuit. Hiervon sagt Studem. aber: literae 9ª 10ª 11ª *pem* non pem fuerunt. Wirklich aber kann ich nicht einsehen, dass, wenn *cujus rei dies fuit* allein nicht genügte um zu erklären, dass man nur das in judicium bringen wollte, was wirklich schon einforderbar war, das *modo* solch eine Zauberkraft besessen hätte, da man diess Wort gleichfalls so hätte auffassen können, dass man blos die Verurtheilung, nicht die deductio in judicium beschränken wollte.

§ 137. Beiläufig sei hier bemerkt, dass Huschke [1]) sich viele vergebliche Mühe machte, um die Frage zu beantworten, warum nur in der Formel gegen den sponsor, nicht in der gegen den fidejussor die Hauptobligation erwähnt wurde. Konnte er vergessen, dass der sponsor nur zu einer verborum, der fidejussor hingegen zu jeder obligatio hinzutreten konnte? Desshalb musste bei dem ersteren die Art der Verbindlichkeit genannt werden, die bei letzterem gleichgültig war.

§ 139. Certis igitur ex causis Praetor aut Proconsul

---

1) Zeits. für Gesch. Rechtsw. XIII, S. 332. Gajus, S. 77. Siehe Rudorff, Rechtsges. II, S. 116, Not. 3.

principaliter auctoritatem suam finiendis controversiis *praeponit.* So Göschen nach Maffei und Andern. [1]) Böcking und Huschke *interponit.* Bei Stud.: *p ponit* (proponit), eine Lesart [2]), von welcher man nicht abzuweichen braucht, wenn man mit Heffter erklärt: Praetor principaliter auctoritatem suam offert exhibet litigantibus, ut res ad finem perducatur. Alias enim Praetor actiones s. judicia proponit edicto, hic auctoritatem imperii sui. Das *praeponere auctoritatem* ist ungewöhnlich und zweideutig, und das *interponere* erinnert nicht so sehr an die Entscheidung des Streites, dass in § 141 die Bemerkung: nec tamen cum quid jusserit fieri aut fieri prohibuerit, statim peractum est negotium, nothwendig gewesen wäre.

Ibid. Formulae autem verborum et conceptiones. So bei Stud. Mit Recht hält Huschke für die ursprüngliche Lesart: formulae autem et verborum conceptiones. In den Instit. (pr. de Interd.) Erant interd i c t a formae atque conceptiones verborum.

Ibid. quibus in e a re utitur, interdicta decretave vocantur. Vocantur autem decreta cet. Göschen. Bei Stud.: quibus in ea re UTIT' γ dicta dec —— vocanT' a T̄ decreta. Wahrscheinlich ist einmal *vocantur* durch Nachlässigkeit ausgelassen. Huschke liest sehr gekünstelt: quibus in ea r e utítur decreta aut interdicta vocantur: decreta cum.

§ 141. Sed ad judicem recuperatoresve ītur et ibi.

---

1) Haubold Zeits. für Gesch. Rechtsw. III. S. 360.

2) Die auch Savigny annimmt. Besitz. S. 378, ed. Rudorff.

So Göschen nach Heise. Bei Stud.: ad iudicem recupa TORUe ITemeT. ibi, cet.

§ 143. quod vel adipiscendae possessionis causa comparata sunt, vel retinendae vel reciperandae. Bei Stud.: q ū adipiscendae p'ssessionis c̄ comparata sunt ū retinendae' p'sessionis c̄ γ dictum (für interdicta) ū reciperandae.

§ 144. ut quod quisque ex his bonis quorum possessio alicui data est, pro herede aut pro possessore possideat id ei cui bonorum possessio data est restituatur. Göschen. Huschke hat hinter *pro possessore* gesetzt *possidet* dolove fecit quominus possideret, ut, wie er sagt, recte haberet *possideret*. Aber bei Stud. liest man: ut quod q'sque *ex his* bonis quorum possessio alicui data ē, *si p h̄ de ā p p'ssessore p'sideret id ei* cet, und hiermit wird jegliche Schwierigkeit beseitigt.

§ 151. At in utrubi interdicto. Stud. bemerkt hier: lit. 11m et 12m *si* quam *at* fuisse verisimilius est. Man lese also: *si* = *sed in* utrubi interdicto

Ibid. ejusque a quo emerit, aut donatione acceperit. Göschen. Studem. bestätigt die Vermuthung Bluhme's, dass hier auch die *dos* erwähnt sein müsste. Bei Stud. lesen wir nun: ejusque a quo emerit ū ex donatione ā dOTIS Nom [1]) (nomine) acceperit.

Ibid. sed etsi vitiosam habeat possessionem, id est aut vi aut clam aut precario ab adversario acquisitam, non datur: *nam ei possessio hic nihil* prodest. Bei Stud.:

---

1) Bluhme und Andere *dotis datione acceperit*. Ob man *accipere dotis datione* sagen kann, scheint mir sehr zu bezweifeln.

NACCESSIONEI. Er berichtet hier: sexliterarum (SIONEI) lectio admodum incerta est: hoc fere constat in fine neque *possio* neque *possessio* scriptum fuisse. Vielleicht ist so zu lesen: sed etsi vitiosam habeat possessionem — non datur: nam *accessio vitiosae possessioni* suae nil prodest. So in L. 13. § 13. D. de Acq. vel amitt. poss. (41. 2) Praeterea ne vitiosae quidem possessioni ulla potest accedere.

§ 152. Annus autem retrorsus numeratur. Itaque si tu verbi gratia anni mensibus possederis prioribus V, et ego VII posterioribus, ego potior ero xxxxxxxxxxx mensium possessionis xx tibi in hoc interdicto xxxxxxxxxxxxxxxxxxxxxxxxx Lachmann, Böcking und früher auch Huschke: Annus autem retrorsus numeratur, itaque si tu verbi gratia anni mensibus possederis prioribus V et ego VII posterioribus, ego potior ero *quantitate* mensium possessionis; nec tibi in hoc interdicto prodest quod prior tua ejus anni possessio est. Bei Stud.: annus aT RETRORSUS numeraT' ITAq si TU VERVIGRA VIII mensibus possederis po-RIBUS ET ego VII posterioriBUS ego POTIOR ero q TRUMPORU mensium possessio nihil tibi in h' γ dicTO pde q alTeRIUS anni possesioe. Stud., der so genau als möglich der Handschrift folgt, liest: Annus autem retrorsus numeratur. Itaque si tu verbi gratia VIII mensibus possederis prioribus et ego septem posterioribus, ego potior ero, quod trium priorum mensium possessio nihil tibi in hoc interdicto prodest: quia alterius anni possessio est. Gajus stellt sich also den Fall vor, dass A acht Monate, und nach ihm B sieben Monate besessen habe. Hier muss B obsiegen, obschon die Zahl der Monate, in denen er besass, kleiner ist als die seines Gegners' weil die ersten drei Monate dieser acht, in welchen A besass, vom Beginne des Processes zurückgerechnet, ausserhalb des Jahres liegen, welches dem Processe unmittelbar vorherging [1]) (Alterius anni possessio est).

§ 153. aut quibus commodaverimus aut quibus *gratuitam* habitationem constituerimus. Göschen. Das *gratuitam*, welches Sav. vermuthete und Böcking noch bestritt, wird durch Studem. über jeden Zweifel gestellt, da der Abschreiber das Wort zufällig zweimal geschrieben hat. Huschke liest: aut quibus commodaverimus, aut quibus gratuitam habitationem praestiterimus aut quibus (*usumfructum vel usum* con) stituerimus. Böcking: aut quibus commodaverimus aut quibus *usumfructum vel usum* aut habitationem constituerimus, alles reine Willkür. [2])

Ibid. quin etiam plerique putant, animo quoque retineri possessionem x nostrorum xxxxxxxxxxxxxxxxxxxxxxxxxxxxxx animo solo quamvis xxxxxxxxxxxxxxxxxxxxxxxxxx retinere xxx videamur. Göschen. Verschiedene Conjecturen sind hier gemacht, die eine noch gewagter als die andere.. Huschke hat in seiner jüngsten Ausgabe: quin etiam plerique pu-

1) Siehe Stud.: die Verhandlung der 26sten Versammlung Deutscher Philol. in Würzburg, S. 129. Huschke hat in seiner jüngsten Ausgabe der Jurispr. Antej. den Text von S. behalten.

2) Wenn Huschke sagt: certe usufructuarium et usuarium Gajus non omisit, frage ich, warum nicht eben so gut wie Justinian, der mit seinen Beispielen noch öconomischer ist, § 5 I. de interd. (4. 15.)

tant, animo quoque retineri possessionem, quae nostro nomine a nullo teneatur, scilicet quoniam possidendi animo solo, quam semel adepti fuerimus possessionem, tantum retinere posse videamur. Erkennt man hier unsern Gajus? Wie nun bei Studem.? qNET pleriq putaNT aNIMoqq ——————————— RIp'sessioNeq. NOSTRONOmalius-TInsiNRelIqNdae possIONaNImosp' TEaRe veR-sURIINde dIscepsseRImus ReTINeRep'svIdea-muR. Hätte man einfach diese Stelle verglichen mit § 5 I. de Interd., der aus Gajus genommen, würde man gleich gemerkt haben, dass nur wenige Wörter, auf eine sehr erklärbare Weise [1]) weggelassen sind; der ganze Satz lautete wahrscheinlich: quin etiam plerique putant animo quoque retineri possessionem, id est, ut quamvis neque ipsi simus in possessione neque nostro nomine alius; tamen si non relinquendae possessionis animo, sed postea reversuri inde discesserimus, retinere possessionem videamur.

§ 154. Si quis vi dejectus sit. Bei Stud.: si quis *ex p's* (ex possessione) vi dejectus sit. In I. § 6 de Interd.: si quis ex possessione fundi vel aedium.

Ibid. Si modo is qui dejectus est, nec vi nec clam, nec precario xxx xxxxxxxxxxx. quod si autem vi aut clam aut precario xxxxxxxxxxxxx.

Lachmann: si modo is qui dejectus est, nec vi nec clam (ab adversario) possideret rem vel fundum, quo si aut vi,

1) Der vorige Satz schliesst nämlich mit *retinere possessione*, so dass der Copist, anstatt die Worte *id est, ut quamvis neque ipse sit in possessione*, folgen zu lassen, unmittelbar, als betreffe es das folgende *possessione*, schrieb *neque nostro nomine alius*.

aut clam, aut precario possideret, esset impune dejectus. Böcking: si modo is qui dejectus est, nec vi nec clam nec precario possidet ab *ad*versario; quod si aut vi aut clam aut precario possederit, impune dejicitur. Huschke: si modo is qui dejectus est, nec vi nec clam nec precario *possideret ab* illo namque si ante v. aut c. aut p. possederit *ab eo*, impune deicitur. Bei Studem.: si m (modo) is q̄ dejectus est NUNCNP xxx de —— nocumquiame- uia clam ā precario p'sideret inpune deici x, worauf, nach S., wahrscheinlich ein p, d. h. *potest*, folgte. Der ganze Satz lautete also: si modo is qui dejectus est nec vi nec clam nec precario possideret ab altero [1]) cum *qui a me* vi aut clam aut precario possideret impune dejici potest [2]) (posset).

§ 155. Interdum tamen xxxxxxxxxxxxxxxxxxxxxxxx vi, aut clam, aut precario possideret, cogeret restituere possessionem: velut si armis eum vi dejecerim. nam Praetor xxxxxxxxxxxxxxxxxxxxx xxxxxxxxxxxxxxxxx omnimodo xxxxxxxxxxxxxxxxxxxxxxxxxxxxxxxxxx ——— ——— ——— Göschen. Lachmann: Interdum tamen etiam ei, quem vi dejecerim, quamvis a me vi aut clam, aut precario possideret, cogeret restituere possessionem: velut si armis eum vi dejecerim. Nam Praetor — — — — — — — — — — — xx omnimodo — — — — — — — — — — — xx. Böcking: an statt *cogeret*, *cogor*. Huschke: Interdum tamen a Praetore ei, quem vi deje-

1) Siehe Studem., S. 239. Anm. 14 und 15.

2) Paul V. 6. 7. Qui vi aut clam aut precario possidet ab adversario impune dejecitur.

cerim. quamvis a me vi aut clam aut precario possideret, cogor rei restituere possessionem, velut si armis eum vi dejecerim: nam Praetor proprium interdictum comparavit, quo restitui omnimodo jubet, si quis armis aliquem dejecit. Abgesehen von der Tautologie, si armis eum vi dejecit — und si quis armis aliquem dejecit, ist in der Handschrift kaum für die Hälfte dieser Ergänzung Raum. Studem. giebt uns wieder einen klaren Text: idum (interdum) T m̄ etsi eum vi dejecerim *qui a me* vi a clam ā p'cario p'sideret cogor ei restituere p s̄ ŪŪ si armis eum vi dejecerim N̄ P̄P̄ (nam propter) *atrocitatem delicti in tantum p a* TIO-

s o

p | d || c üi iii o

R *a o* N *e m ut omnim debeam ei restituere* possessionem.

Ibid. *armorum autem appellatione.* Diese und die folgenden Worte des §, die mit denen in § 6 I. de Interd. übereinstimmen, befinden sich bei Studem., so wie sie Huschke vermuthete.

§ 156. Tertia divisio interdictorum *in hoc* est. So konnte Gajus nicht schreiben. Bei Studem.: Tertia divisio idicTORIN he = interdictorum haec est.

§ 157. Simplicia sunt *velut* in quibus actor cet. So die meisten Ausgaben. Huschke will von dem, seines Erachtens unerträglichen, *velut* nichts wissen. Bei Stud. aber liest man: simplicia x v v (also sunt velut). So auch Justin. § 7 I. de Interd. und in § 159.

§ 162. Igitur (cum) restitutorium. Richtig liest Huschke: *igitur si restitutorium.* Bei Studem. finden wir: a simpli ci b ŪSĪG, der Copist hat gewiss die *s* nur einmal, statt zweimal, gesetzt.

§ 163. *nam iudicis arbitrio.* Bei Studem. ohne Zweifel besser: *et iudicis* arbitrio. Gajus will nicht den Namen der actio erklären, sondern den Processgang beschreiben.

Ibid. *id sine poena exhibet* vel restituit. Bei Studem.: id sine *periculo* exhibet a (aut) restituiT.

Ibid. sed actor quoque sine poena experitur cum eo qui neque exhibere neque restituere quidquam offert, nisi calumniae judicium ei oppositum fuerit. So Göschen. Huschke: sed actor quoque sine poena experitur cum eo cui neque exhibere neque restituere quicquam opus est; praeterquam si calumniae judicium ei oppositum fuerit.

o
c
Bei Studem.: sed actor e s s i N e p x e n a (sed actor etiam sine poena) e x p e R I T' c'e o q N e q u e exhibere N e q R S T I-
i p c / /
T U e R e q c q o T e R e p T q (experitur cum eo quem neque exhibere neque restituere quicquam oporteret, praeterquam si calumniae iudicium ei oppositum fuit decimae partis.

Ibid. Calumniae iudicio xxxxxxxxxxxxxxxxxxxxx quasi hoc ipso confessus videatur, restituere se vel exhibere debere. Sed alio iure utimur: et recte xxxxxxxxxxx xxxxxxxxxxxxxxxxxxxxx et arbitrum quisque xxxxxxxxxxxxx. Göschen. Huschke: diversae plane scholae auctoribus placet, prohibendum calumniae iudicio eum, qui arbitrum postulaverit, quasi hoc ipso confessus videatur, restituere se vel exhibere debere: sed alio jure utimur: et recte; nam etiam confidens fore ut alter superetur, arbitrum quisque potest postulare. Diese Lesart Huschke's leidet, ausserdem dass sie zu den sichtbaren Buchstaben gar nicht passt, auch an dem Fehler, dass sie in keiner

Hinsicht die Widerlegung der Ansicht enthält, dass im Zögern, eine sponsio zu schliessen, das Eingeständniss des Unrechts liege. Stud. beseitigt diese Schwierigkeit. Bei

/ / i e
ihm findet sich: q q proculo plac [u..ce..eTpdITIv]
q ı
dum calumniae iudicio xx eIaqaRUITR' p'TUlavex quasi
hoc ipso confessus videatur restituere se u exhibere debere
i i
s' alio iure utimur et recte IIUSEN (eIIIx) odesTIO
cui i c g o qo
ReMalITIgIeTaRBITR' quisq peTITq quiaceNUxxT,

diess ist so zu lesen: quamquam Proculo placuit, non esse permittendum 1) calumniae judicio uti 2) ei qui arbitrum postulaverit, quasi hoc ipso confessus videatur restituere se vel exhibere debere, sed alio iure utimur et recte. potius (IIUS) enim ut per modestiorem actionem 3) litiget 4) arbitrum quisque petit quam quia confitetur. Keinesweges, sagt Gajus, gibt die Anfrage um einen arbiter ein Misstrauen in die eigene Sache zu erkennen, sie zeigt vielmehr den Wunsch, den strengeren Wetteprocess zu vermeiden, und, wie wir sagen würden, ein gelinderes Verfahren zu wählen.

§ 165. *Itaque si.* Bei Studem.: q si (quod).

§ 166. ab eo fructus licitando x tantisper in xxxxxxx

---

1) p ist die gewöhnliche Sigle für *per*, nicht für *pro*.

2) Studem. bemerkt hier: post 19am literam (die *o* von iudicio) velut *mi* vel *uti* fortasse exstitit.

3) A die Sigle für actio. Siehe Stud., S. 177 reg. 9.

4) Per *actionem litigare* ist analog zu dem per formulas *litigare* Gaj. 4. 30. *Modesta actio* findet sich m. E. nur hier, doch ist der Ausdruck ganz passend, und so sagt in diesem Sinne Papinian: *modestius* facere qui referat jusjurandum, quam ut ipse juret L. 25 § 1. D. de constit. pec. 13. 5.

xxxxxxxxxxx adversario suo fructuaria stipulatione xxxxxx ·potestas haec xxxxxxxxxxxxxxxxx | xxxxxxxxxxxxxxxxxxx xxxxxxx xxxx adversarios qui xxxxxxxxxxxxx contentio fructus licitationis est scilicet quia xxxxxxxxxxxx esse xxx tantisper x | xxxxxxxxxxx vendit, postea alter alterum sponsione provocat. Bei Studem.: ..ISRESAbeOFli | CITANdOISTA·NTISpiNpossioNecosTITUIT'SImadversaRIOSUO FRUCTUaRIaSTIPU (xx CRIICIIIUIS) CIPOTeSTa sha eceuTSICONTRaeum x x [es]s[I...apNUN] — UeR xxx amsummamadversariosolvaT.[2]) haec aTliceNd ICONTeNTIO[2]) FRUCTUSliciTaTIOVOCaT'scilqa [NNx moleUNTIRmeeRUIIaNTISPR [p.es...eIRFUe NDITeq..q] al [agaT]. Obschon jede Conjectur, bei so vielen fast unleserlichen Buchstaben,[3]) sehr gewagt erscheinen muss, meine ich mich doch nicht zu weit von der Handschrift zu entfernen, wenn ich diese Lesart vorschlage: Ab eo fructus licitando is tantisper in possessione constituitur, si modo adversario suo fructuaria stipulatione caverit, cujus vis ac potestas haec est, ut si contra eum de possessione pronuntiatum fuerit eam summam adversario (suo) solvat. Haec autem licendi contentio fructus

1) Krüger, Krit. Vers., S. 92: et uter eorum vicerit fructus licitando. Huschke: ideoque *alterius ex iis res ab eo fructus* licitatione tantisper in possessione constituetur, eine zu gezwungene Redensart.

2) Hierauf lässt Huschke folgen: nam inter adversarios. qui pretio certant, cum contentio fructus licitationis est, scilicet quia possessorem interim esse interest, tantisper possessionem ei praetor vendit qui plus licitur. Wirklich eine schöne Construction!

3) Stud., S. 244, sagt: Pagina interior in parte superiore propter remedia Bluhmiana difficulter legitur.

licitatio vocatur, scilicet quia neuter eorum qui licentur ipsam rem, sed tantisper possidendi et *fruendi* [1]) *re* acquirit facultatem.

Ibid. postea alter alterum sponsione provocat: quae adversus edictum Praetoris interdicentis nobis facta essent invicem si non restituantur. adversus sponsionem vel ·xxxxx xxxxxxxxxxx cum una inter eos sponsio xxxxxxxxx stipulatio xxxx | xxxxx fit xxxxxxxxxxxxxxxxxxxxxxxxxxxxx fundo xx xxxxx xxx xxxxxxxxxxxxxxxxxxxxx restitui. Göschen. Böcking: postea alter alterum sponsione provocat: si adversus edictum Praetoris possidenti mihi a te vis facta est, et invicem ambo restipulantur adversus sponsionem vel sti — — — — x cum una inter eos sponsio — —— —— stipulatio — x | xx fit ———————————— fundo ab —————— ———— restitui. Huschke: Postea alter alterum sponsione provocat, quod adversus edictum Praetoris possidenti sibi vis facta est versus (adversus) edictum praetoris possidenti mihi a te vis facta est [2]) et invicem ambo restipulantur adversus sponsionem; vel stipulationibus junctis duabus una inter eos sponsio, itemque una restipulatio adversus eam fit quod et commodius ideoque magis in

---

1) So lese ich, nicht wie die übrigen Ausgaben, *vendit*, welches sich allein auf den Praetor beziehen kann, wie denn auch Huschke wirklich liest: tantisper possessionem ei *Praetor vendit*. Aber sagte je ein römischer Jurist vom Praetor, der nur interimistischen Besitz verleiht, *possessionem vendit?* Hingegen findet unsre Lesart eine Stütze in dem was im § 167 vom höchsten Bieter gesagt wird: per hoc semper retinere et facultatem fruendi nancisci conatur. Auch Witte (Das Interd. Uti possid. S. 50) nahm Anstoss an dem *vendit possessionem*.

2) Diese Lesart Huschke's kömmt mir unbegreiflich vor.

usu est. Bei Studem.: p'TEaalTalTER' sponsione provocat q adversus Edictum pRp'sidenTISIVIBISFac tae[1]) ETINVIcem ambo REsTIpUTURadversus sponsionem de [lsTI.........accu] uNaγeos sponsio[2]) ITem qre xxx stipulaTION — adeamfIT ———— eius ———— ———— [FUN] d [oaB ———— [RTITUI....d..vae] ——— amTI.

§ 166a. *adversarium quidem et sponsionis.* Bei Stud.: *adversarium m (mihi).*

§ 169. Sicut Cascelliano sive secutorio judicio de possessione reciperanda experitur ita xxxxxx de fructus licitatione agere. Göschen. Huschke: ita de fructibus et de fructus licitatione agere. Bei Stud.: (ita) s xxxxx de fructus licitatione agere. Hierbei bemerkt er: spatium ante penultimam literam ad *imilit* literas capessendas sufficit; *similiter* vertheidigte Huschke[3]) schon früher.

---

1) Bestätigt wird also die Lesart, die Rudorff, in Zeits. für Gesch. Rechtsw., Th. 11, S. 355, vorgeschlagen hat, ausgenommen dass bei ihm anstatt q (quod) *nisi*, und anstatt ē (est) *esset* sich findet.

2) Das „stipulationibus junctis duabus una inter eos sponsio" Huschke's, wie scharfsinnig auch erdacht, wird m. E. von Schmidt (Das Interd. Verfahren, S. 286) mit Recht bestritten, der zeigt dass wo das Interdict zum Zweck des Verbotes künftiger Störung gebraucht würde, der Beklagte sich wohl gehütet haben wird, auch eine sponsio für sich zu verlangen. Er schlägt diese Ergänzung vor: vel si unus tantum sponsione provocavit alterum, una inter eos sponsio et una tantum restipulatio adversus eam fit. Die Erwidrung Huschke's (Gajus, S. 194) hat mich eben so wenig überzeugt als Witte a. a. O., S. 109 u. f.) der mit guten Gründen zeigt, dass Gajus auf den uns verlorenen Seiten wahrscheinlich gesagt hat, dass das Interdict auch dann gebraucht wurde, wenn Jemand, der den Besitz für sich selbst nicht beanspruchte, den eines Andern willkürlich störte.

3) Studien. I. S. 332.

§ 170. Sed quia nonnulli, interdicto reddito, cetera ex interdicto facere nolebant, atque ob id non poterat res expederi, Praetor xxxxxxxxxxxxxxxxxx comparavit interdicta —— —— —— —— xxxxxxxxxxxxxxx et cetera ex interdicto xxx —— —— —— —— xx sine causa xxxxxxxxxxxxxxxxxxxxx xxxxx —— —— —— —— xxxxxxxxxxxxxxxxxxxxxxxxxx fueruut xxxx —— — —— —— —— —— —— —— xxx sponsori xxxxxxxxxxxxxxxxxxxxxxxxxx —— —— — — —— xxxxxxxxxx etiam iuri xxxxxxxxxxxxxxxxx —— —— —— —— Göschen. Bei Stud.: sqa (sed quia) NNULLI ∓ DICTO REDDITO CETERA EX IN∓ DICTO FACERE NOLE BANTATQ. OBIDNPOTERATRES EXPEDIRI PRINEAM REM P SPEXITET COMPARAVIT INTERDICTA QUAE SECUNDARIA [1]) APPELLAMUS Q (quia) SECUNDOLOCO REDDUNTUR QUORUNB —— AST — OC — [2]) CETERA EX INTERDICTO N (non) FACITUU qui VIM NON FACIAT A (aut) FRUC-

---

1) Wir finden nun bei Gajus die Beantwortung der von Vielen erhobenen Frage, auf welche Weise der Praetor zum Abschluss der sponsionen und zur Vollbringung der cetera ex interdicto zwingen konnte. Wir wissen jetzt mit Gewissheit, dass dies durch die int. secundaria geschah, nämlich gegen den contumax wirkte das interd. primarium, als ob der Gegner den Process gewonnen hätte, also Zwang zur restitutio oder exhibitio, wenn der Verklagte, Weigerung der actio ex interdicto, wenn der Kläger nicht gehorchte. Beim interd. prohibitorium galt was Gajus am Ende des § mittheilt. *Witte* Interd. uti possed., S. 27 u. ff. *Bekker*, die Actionen, S. 54.

2) Wahrscheinlich: quorum vis et potestas haec est ut qui. So Krüer (Vers. S. 84), dem jetzt Huschke folgt.

TUS NON liceT' a q (aut qui) FRUCTUS liCITaTIO-
NIS SaTaNdaT (satis non dat) aut si SPONSIONIB'
(sponsiones) N FaCIT SPONSIONISVjudICIa N acci-
s
pIaT SIVc p' sideaTeT RESTITUaT adversaRIO
?
possessION — ılıp' sidenIxN FaCIaT 1)
v c i ? ?
ITa eTSI alıas poTUexx (potuisset) inTerdıcTouti
s ?
possIdETISVINceRe sueTe Raex INTERdıcTx.

Alles Übrige in diesem § ist nach St. ungewiss. Das Merkwürdigste was die neue Lesart bringt, ist die Bestätigung der Meinung derer, die behaupteten, dass bei dem Interdictum uti possidetis, wo es die Entscheidung eines wirklichen Besitzstreites betraf, eine vis *ex conventu* erforderlich war, um das praetorische *vim fieri veto* zu verwirklichen, so dass weder die Fiction gegolten hat, Gewalt sei zu fürchten, wie Savigny meint, noch dass es genügte, dass beide Theile dahin übereinkommen, sich das *vim factam esse* vor Gericht gegenseitig zugestehen zu wollen, wie Witte und Schmidt 2) annehmen. Zu den *cetera ex interdicto* gehörte also das *vim facere.* 3)

§ 172. unde quamvis heredes, vel qui heredum loco habentur, duplo non amplius obligati sunt, item feminis pupillisque remitti solet poena sponsionis, jubet tamen eos jurare. Lachmann: Unde quamvis heredes vel qui heredum loco habentur numquam poenis obligati sunt, — jubet modo eos jurare. Huschke: unde quia heredes —

---

1) Krüger a. a. O. ergänzt: sive non possideat, vim ille possidenti ne faciat.

2) Interd. Verfahr., S. 55.

3) Siehe Bruns., Recht des Besitzes, S. 45 u. ff. Krüger, a. a. O. S. 84.

nec alioquin poenae obligati sunt, item feminis pupillisque exprimi (sic!) non solet poena sponsionis jubet modo eos jurare. Bei Stud.: unde q h̄ des v̄ q h dum loco aBeNT' [NV7VINa plIω] [1]) oBlIgaTIS̄ ITem FemI-NIS pUpIllIsqexxxxT [2]) peRICUlo spoNsIoNIS juBet Tm̄ eos juRaRe.

§ 175. et quidem calumniae judicium adversus omnes actiones locum habet et est decimae partis *causae;* adversus interdicta autem quartae partis causae. Göschen. Huschke: et est decimae partis pecuniae, adversus interdicta autem quartae partis. Bei Stud.: et qd̄ calumniae judum adversus omNes aones locum habet et é decimae paRTIS R (Ixx) [3]) adūsus *adseRToRem* TcRTIae PaRTIS ē. Durch diese neue Lesart werden wir von dem fast allgemein [4]) angenommenen Dogma erlöst, dass bei den Interdicten das judicium calumniae auf ein Viertel des Streitgegenstandes gerichtet war, und dann werden wir gewahr, dass gegen den *adsertor* im Falle der calumnia eine strengere Strafe angedroht war. Kann hiervon der Grund sein, dass ein Urtheil adversus libertatem nicht die gewöhnliche Rechtskraft einer res ju-

---

1) Stud. hält es nicht für unwahrscheinlich, dass hier *non nisi simplo-tenus* gestanden habe.

2) Stud. hält es für möglich, dass hier eximaNT' stand, was mir wahrscheinlicher vorkömmt als *exprimi* — solet von Huschke.

3) Stud. pro ( ) spatio satis facere visa est velut haec lectio *eis*: man sollte also lesen: et est decimae partis *reis*, dies dünkt mich weniger wahrscheinlich.

4) U. A. Bethmann-Hollweg. Civ. Proc., II. S. 367. Schmidt, (Interd., S. 269). Rudorff, Röm. Gesch., II. § 84, Huschke, Gajus, S. 202.

dicata [1]) hat, und darum der Verklagte der Gefahr ausgesetzt war, jedesmal neuerdings mit der adsertio in libertatem behelligt zu werden?

§ 176. *Liberum est illi.* Göschen: Andere *sed* liberum est. Bei Stud.: *liberum est autem ei.*

§ 178. Licet *alia* opinione inductus. Göschen und Andere. Böcking und Huschke: *aliqua* opinione. Bei Stud.: *alia*, was ich für das Richtige halte. *Alia opinio* bedeutet eine andere Meinung als die wahre, oder die des Richters, der ihm Unrecht gab. In dieser Bedeutung gebraucht Ulpian das Wort quum *alia opinione* acceperit in L. 18 pr. D. de R. C. (XII. 1).

§ 180, 181. Auf die Worte damnatur actor folgt bei
s |||| x r p s?
Studem.: aIUin xxIICUpxIUCRImxISTxpulatio. Mit Huschke [2]) glaube ich, dass zu lesen ist: Interdum si ab actore cum restipulationis poena petitur.

§ 182. Sed etiam pacti xxxxxxxxxxx. Göschen. Böcking: sed etiam pacti — in edicto Praetoris scriptum est. Huschke: *nam* ita in Pr. Edicto scriptum. Bei Studem.: *ut* in Ed. Praet. scriptum est.

Ibid. an ex contractu debitor sit *item* illa parte edicta id ipsum NOmINaTImxxPR ———— mINIOsiis
—— —— qphiBe ———— pTUl ————
—— —— TORdaRepcURemadhIBeR (xII) ——
[FIdUIO]RIONOm. (fidussorio nomine) judICIOγVcNI-

1) L. 1. pr. C. de adsert. toll. (7. 17): illis legibus quae dudum et secunda et tertia vice adsertorias lites examinari praecipiebant. Rudorff R. G., II. S. 265.

2) Siehe seine klare Ausführung, Gajus, S. 200.

q
o
RE | eN (IM). Aus deu wenigen deutlichen Buchstaben ist nur dies zu ersehen, dass Gajus hier mitgetheilt hat, nur der werde infam der suo, nicht alieno nomine damnatus est.[1]) Die Lücke aber im C. hat nicht Raum genug um alles das zu fassen, was Huschke zu ergänzen für gut findet.

§ 183. In summa sciendum ceumq (IxlloROUxlxx
ClUxplICTEReeT eum qVOCATUSESТ (OIxNUCxUCx
IxxCICIImaICIAIepRR xxx SIOmIIIeRequasdam.
Ich weiss aus dieser Stelle, die durch Bluhme's chemische Mittel ganz verdorben ist, nichts zu machen. Huschke's willkürliche Ergänzung wird wohl Niemänden befriedigen.

Ibid. sine pmissu PTORISINIUSVOCARENliceTUUPAR
——————— TRONOSpaTRONOSqliberoseTpaRe
NTespaTRONIpaTRONaeve: also zu lesen: sine permissu Praetoris in jus vocare non licet veluti parentes *patronos patronas*que, liberos et parentes patroni *patronaeve.* Huschke hat: quales sunt parentes, patronus et liberi parentesque patroni. Die patrona wird ganz bei Seite geschoben und doch sagt der Praetor in seinem Edict: Parentem, patronum, patronam liberos parentes patroni, patronae. L. 4. § 1. D. de in jus voc. (II. 4.)

§ 184. qui autem in ius vocatus fuerit ab adversario,

---

1) L. 6. § 1. D. de his qui not. infam (3. 2.) si quis alieno nomine condemnatus fuerit, non laborat infamia et ideo nec procurator meus vel defensor vel tutor vel curator vel heres, furti vel ex alia specie condemnatus, infamia notabuntur nec ergo si ab initio per procuratorem causa agitata est.

ni eo die finiverit negotium, vadimonium ei faciendum est. Göschen. Böcking: quando autem in ius vocatus fuerit adversarius, ni eo die finitum fuerit negotium cet. Huschke: *cum autem* — ni eo die. Bei Stud.: c'aT̄INIUSVOCATUSFŪITadūsarius Neq̄. *odie* (eo die) *FINIRI POTUERIT* cet.

§ 187. easdem nec vadimonio invitas obligare possumus. Göschen. Bei Stud.: easdem ne vadimonio INVICASOBLIGAREN̄ (nobis) p'ssumus. Studem. selbst scheint an das *Nobis* nicht zu glauben, ist vielmehr der Meinung, dass das N̄ aus der vorigen Zeile, die mit N̄ possumus anfängt, irrthümlich widerholt sei.

www.ingramcontent.com/pod-product-compliance
Lightning Source LLC
Chambersburg PA
CBHW020557270326
41927CB00006B/877
9783743647657